中国工会十七大报告
学习问答

李玉赋　主编

中国工人出版社

目　录

学习问答

以习近平新时代中国特色社会主义思想为指导　团结动员亿万职工为决胜全面建成小康社会　夺取新时代中国特色社会主义伟大胜利而奋斗

——在中国工会第十七次全国代表大会上的报告

（2018 年 10 月 22 日）

王 东 明

各位代表，同志们：

现在，我代表中华全国总工会第十六届执行委员会向大会作报告，请予审议。

中国工会第十七次全国代表大会，是在我国进入全面建成小康社会决胜阶段、中国特色社会主义进入新时代召开的一次重要会议。大会的主题是：**以习近平新时代中国特色社会主义思想为指导，坚持走中国特色社会主义工会发展道路，忠诚党的事业，竭诚服务职工，团结动员亿万职工为决胜全面建成小康社会、夺取新时代中国特色社会主义伟大胜利而奋斗。**

一、过去五年工会工作的重要成就

党的十八大以来，以习近平同志为核心的党中央团结带领全党全国各族人民，统筹推进“五位一体”总体布局、协调推进“四个全面”战略布局，党和国家事业取得历史性成就、发生历史性变革，中国特色社会主义进入了新时代。在这一伟大历史进程中，全国亿万职工以高度的主人翁责任感和历史使命感，凝心聚力、砥砺奋进，为推进中国特色社会主义伟大事业作出了重要贡献。

习近平总书记始终关心重视工人阶级和工会工作，领导召开党的历史上第一次中央党的群团工作会议，指导制定加强和改进党的群团工作的意见、产业工人队伍建设改革方案和全总改革试点方案等，亲临全总机关与劳模代表座谈、给劳模本科班学员回信，每到一地考察都深入基层看望劳模、慰问职工，围绕工人阶级和工会工作多次发表重要讲话、作出重要指示，为充分发挥工人阶级主力军作用、推进党的工运事业和工会工作指明了方向。中国工会十六大以来的五年，各级工会把学习宣传贯彻习近平新时代中国特色社会主义思想和党的十八大、十九大精神作为首要政治任务，认真学习贯彻习近平总书记关于工人阶级和工会工作的重要论述，坚持走中国特色社会主义工会发展道路，把握为实现中华民族伟大复兴的中国梦而奋斗的工人运动时代主题，忠诚履职、积极作为，各项工作取得了显著成效。这五年，是工会组织和工会工作政治性、先进性、群众性进一步增强的五年，是维权服务工作不断推进的五年，是工会深化改革锐意进取的五年，是工会系统党的建设持续加强的五年，是工会在党和国家工作大局中作用有力彰显的五年。

（一）切实加强对职工的思想政治引领，党执政的阶级基础和群众基础更加巩固。

各级工会把团结引导职工听党话、跟党走作为重要政治责任，提升政治站位、加强理论武装，深化学习教育、层层培训宣讲，推动习近平新时代中国特色社会主义思想进工会院校、进基层一线、进工会干部和广大职工头脑。广泛开展“中国梦·劳动美——永远跟党走”“喜迎党的十九大”等主题宣传教育活动，通过职工大讲堂、劳模工匠宣讲团等，加大宣传阐释力度，覆盖职工超过3亿人次。坚决贯彻落实意识形态工作责任制，加强和改进职工思想政治工作，加强职工职业道德建设，扎实开展精神文明创建活动，积极培育职工文化，建设职工书屋10万多家，辐射职工6000万人以上，引导职工践行社会主义核心价值观。各级工会干部和广大职工切实增强“四个意识”，坚定“四个自信”，对习近平新时代中国特色社会主义思想高度认同，对习近平总书记作为党的核心、军队统帅、人民领袖衷心拥护，对中华民族伟大复兴的光明前景充满信心，在思想上政治上行动上同以习近平同志为核心的党中央保持高度一致。

（二）大力弘扬劳模精神、劳动精神、工匠精神，工人阶级在实现中国梦中的主力军作用充分发挥。

贯彻落实新发展理念，组织职工先后开展“当好主力军、建功‘十二五’”“践行新理念、建功‘十三五’”“当好主人翁、建功新时代”等主题劳动和技能竞赛，在“一带一路”建设、京津冀协同发展、长江经济带发展等国家重大战略中展示风采，在港珠澳大桥、“蛟龙”、神舟、高铁、大飞机等重大工程中攻坚克难，在打赢防范化解重大风险、精准脱贫、污染防治三大攻坚战中献计出力，在深化供给侧结构性改革、振兴实体经济、推动经济高质量发展中展现作为，在实施创新驱动发展战略中勇立潮头。五年来，参加基层企事业工会开展的劳动和技能竞赛的职工达5.2亿人次，提出合理化建议6224.6万件，实现技术革新349.0万项。开展“中国梦·大国工匠篇”“大国工匠进校园”主题宣传，选树“金牌工人”“首席技师”“首席员工”271.1万人次，县级及县级以上地方工会命名劳模创新工作室1.8万家，7项一线技术工人创新成果荣获国家科技进步奖，叫响做实“大国工匠”品牌，推动形成尊重劳动、崇尚技能、鼓励创造的社会风尚。

（三）扎实推进产业工人队伍建设改革，工人阶级先进性不断增强。

中共中央、国务院首次出台《新时期产业工人队伍建设改革方案》。按照党中央部署，全总牵头、会同有关部门，研究制定方案并组织落实，推动建设一支有理想守信念、懂技术会创新、敢担当讲奉献的宏大的产业工人队伍。着眼构建产业工人技能形成体系，创新技能导向的激励机制，推动出台《关于提高技术工人待遇的意见》等政策。加强职工技能培训，五年来，3463.8万人次参加基层以上工会开展的技术培训。重视满足产业工人的精神文化需求，产业工人队伍精神面貌焕然一新，在引领社会风尚中发挥了积极作用。

（四）深入开展维权服务工作，职工群众获得感、幸福感、安全感大幅提升。

高举维护职工合法权益的旗帜，围绕职工最关心最直接最现实的利益问题开展工作。协助党委和政府做好供给侧结构性改革中职工转岗安置、劳动关系处置、再就业培训、创业带动就业等工作。积极参与涉及职工利益法律法规政策的制定修改，职工合法权益得到制度性保障。开展集体协商攻坚活动，推动平等协商和集体合同扩面提质增效，坚持和完善以职工代表大会为基本形式的企事业单位民主管理制度，开展以“安康杯”竞赛为载体的群众性安全生产和职业健康活动。推进女职工维权服务工作，女职工合法权益和特殊利益进一步得到维护。创新农民工维权服务工作，推动农民工欠薪问题解决，提升农民工职业技能，农民工权益进一步实现。贯彻落实中共中央、国务院印发的《关于构建和谐劳动关系的意见》，深入开展和谐劳动关系创建活动。大力推进城市困难职工解困脱困工作，拓展困难职工帮扶中心功能，实施“四个一批”、精准帮扶，实现送温暖、金秋助学、阳光就业、职工医疗互助保障等工作常态化、长效化。五年来，各级工会累计筹集帮扶资金 200 亿元，帮助 242 万户的困难职工家庭脱困。加强工会援疆援藏工作，提升对口帮扶针对性实效性。积极推动源头治理劳动关系矛盾，参与劳动争议处理，开展工会劳动法律监督和法律援助工作，推进工会联系引导劳动关系领域社会组织工作，维护劳动关系领域政治安全。

（五）持续深化工会改革创新，工会组织吸引力凝聚力战斗力明显增强。

贯彻落实《中共中央关于加强和改进党的群团工作的意见》和中央党的群团工作会议精神，全总作为中央群团机关改革试点单位，紧紧围绕保持和增强政治性、先进性、群众性，先行先试、勇于创新，上海、重庆市工会在群团改革试点中，有力有序推进改革，取得了阶段性成效，创造了一批可复制可推广的经验。各级工会结合实际主动对接、及时跟进，形成了上下联动、左右互动、整体推动的改革局面。工会领导机关精简编制，提高领导机构中劳模和一线职工代表比例，建立专职为主、兼职与挂职相结合的工会干部队伍，增强了工会组织的广泛性和代表性。以非公有制经济组织、社会组织、新产业新业态、开发区（工业园区）为重点领域，以农民工、货车司机等群体为重点对象，开展“强基层、补短板、增活力”工作和入会集中行动。积极推进“互联网+”工会建设，探索普惠职工、网上入会等新方式、新途径，工会组建实现新的突破。目前，全国工会会员总数3.0亿人，其中农民工会员1.4亿人，基层工会组织280.9万个，覆盖单位655.1万个。发挥产业工会联系广泛、熟悉产业、直通基层的优势，积极推进各具特色的劳动和技能竞赛、维权服务等工作。改革完善工会资产监督管理体制机制，突出工人文化宫、工会院校、工人疗休养院的公益性、服务性，推动工人文化宫、职工书屋纳入公共文化服务体系。深入开展加强基层工会工作、产业工人队伍建设、保障和改善民生、全国职工队伍状况等重大调研活动，推进联系基层、服务职工长效化机制化建设。

（六）全面加强工会系统党的建设，风清气正的政治生态进一步形成。

建立健全工会系统党建工作责任制和党风廉政建设责任制，切实履行“两个责任”，推动工会全面从严治党向纵深发展。坚持以党章为根本遵循，把党的政治建设摆在首位，严格遵守政治纪律和政治规矩，扎实开展党的群众路线教育实践活动、“三严三实”专题教育、“两学一做”学习教育，增强了工会系统党内政治生活的政治性、时代性、原则性、战斗性。深入推进工会系统党风廉政建设和反腐败工作，多次召开全国工会党风廉政建设工作会议。持之以恒加强作风建设，开展执行中央八项规定精神督查，始终保持整治“四风”的良好势头。自觉接受巡视监督，从严从实抓好巡视整改，发挥纪检组织作用，开展监督执纪问责情况专项检查。严格依法依规管理、使用工会经费和资产，探索构建经审监督体系，织密制度笼子，严防黑洞漏洞。

五年来，工会港澳台工作扎实推进，连续举办海峡两岸工会论坛、海峡职工论坛，与港澳台工会及职工的交流合作不断增进。服务国家总体外交和“一带一路”建设，成功举办二十国集团劳动会议、“一带一路”沿线国家工会国际研讨会、金砖国家工会论坛、上合组织国家职工技能大赛、海上丝绸之路职工研讨营等活动，中国工会代表连续高票当选国际劳工组织工人正理事，进一步发展了同各国工会组织、国际和区域工会组织的双边和多边关系，增进了同各国工人阶级的友谊。

过去五年工会工作取得的成就，是以习近平同志为核心的党中央坚强领导的结果，是各级党委关心重视、加强领导，各级人大、政府、政协和社会各界大力关心支持的结果，是广大工会干部和职工群众共同团结奋斗的结果。我代表中华全国总工会第十六届执行委员会，并以本次大会的名义，向以习近平同志为核心的党中央致以崇高的敬意！向各级党委、人大、政府、政协，向共青团、妇联等群团组织及社会各界，向人民解放军、武警部队和公安干警，表示衷心的感谢！向全国广大职工、工会干部、工会积极分子，向工会历届老领导、老同志，向港澳台工会和职工朋友，向关心和支持中国工运事业的各国朋友，致以诚挚的问候！

在总结成绩的同时，还必须清醒地看到，面对时代发展、社会变化和职工需求带来的新情况新任务，工会工作还存在一些问题和不足，主要有：工会体制机制与劳动关系、职工队伍的新变化还不适应，还滞后于形势发展的需要；工会工作载体和手段还不够丰富，与职工需求存在一定差距，运用互联网开展工作的方式方法不够多；一些工会干部的改革意识和担当精神不够强，深入基层、服务职工的作风不够扎实，处理复杂问题的能力还有不足，做职工群众工作的本领有待增强；上级工会对基层指导服务不够到位，工会基层基础薄弱的短板需要进一步补齐，等等。对此必须高度重视，采取有力措施加以解决。

二、深入学习贯彻习近平新时代中国特色社会主义思想，坚定不移走中国特色社会主义工会发展道路

习近平新时代中国特色社会主义思想，从理论和实践结合上系统回答了新时代坚持和发展什么样的中国特色社会主义、怎样坚持和发展中国特色社会主义这个重大时代课题，是马克思主义中国化最新成果，是党和人民实践经验和集体智慧的结晶，是中国特色社会主义理论体系的重要组成部分，是全党全国各族人民为实现中华民族伟大复兴而奋斗的行动指南，为新时代工运事业和工会工作创新发展提供了根本遵循，是各级工会组织和广大工会干部的强大思想武器。

党的十八大以来，习近平总书记对党的工运事业和工会工作高度重视，深刻阐明了工会工作的地位作用、目标任务、实践要求，科学回答了工人阶级和工会工作的一系列方向性、根本性、战略性重大问题，形成了习近平总书记关于工人阶级和工会工作的重要论述。主要有：

——坚持党对工会工作的领导。强调中国共产党领导是中国特色社会主义最本质特征，是中国特色社会主义制度的最大优势，党是领导一切的。做好群众工作，保持党同人民群众的血肉联系，是全党重大而紧迫的政治任务。工会工作是党的群团工作、群众工作的重要组成部分，是党治国理政的一项经常性、基础性工作。各级党委要加强和改进对工会的领导，注重发挥工会组织

的作用，加大对工会工作的支持保障力度，为工会工作创造更加有利的条件。这是做好工会工作的政治原则和根本保证。

——坚持全心全意依靠工人阶级。强调工人阶级是我们党最坚实最可靠的阶级基础，是我国的领导阶级。坚持和发展中国特色社会主义，必须巩固工人阶级的领导阶级地位，充分发挥工人阶级的主力军作用。全心全意依靠工人阶级要贯彻到党和国家政策制定、工作推进全过程，落实到企业生产经营各方面，做到在政治上保证、制度上落实、素质上提高、权益上维护，更好地把广大职工群众紧紧团结在党和政府周围。这是党和国家始终坚持的根本方针。

——坚持为实现中华民族伟大复兴的中国梦而奋斗。强调实现中华民族伟大复兴，是中华民族近代以来最伟大的梦想，根本上要靠包括工人阶级在内的全体人民的劳动、创造、奉献。工会要牢牢抓住这个主题，把推动科学发展、实现稳中求进作为发挥作用的主战场，建设知识型、技能型、创新型劳动者大军，在改革发展稳定第一线建功立业。这是我国工人运动的时代主题。

——坚持中国特色社会主义工会发展道路。强调中国特色社会主义工会发展道路是中国特色社会主义道路的重要组成部分，深刻反映了中国工会的性质和特点，符合我国国情和历史发展趋势。要始终坚持这条道路，不断拓展这条道路，做到自觉接受党的领导、团结服务职工、依法依章程开展工作相统一，努力使这条道路越走越宽广。这是工运事业和工会工作发展的正确方向。

——坚持弘扬劳模精神、劳动精神、工匠精神。强调要树立劳动最光荣、劳动最崇高、劳动最伟大、劳动最美丽的理念，倡导辛勤劳动、诚实劳动、创造性劳动，尊敬劳动模范，用劳模的干劲、闯劲、钻劲鼓舞更多的人，激励广大劳动群众争做新时代的奋斗者，营造劳动光荣的社会风尚和精益求精的敬业风气。这是引领教育广大职工的重要抓手。

——坚持高举维护职工合法权益旗帜。强调保障职工权益是我国社会主义制度的根本要求，是党和国家的神圣职责，也是发挥广大职工群众积极性、主动性、创造性最重要最基础的工作。工会要坚决维护职工合法权益，把竭诚为职工群众服务作为一切工作的出发点和落脚点。要发挥好协调劳动关系的作用，健全劳动关系协调机制，及时正确处理劳动关系矛盾。这是工会组织的基本职责。

——坚持增强政治性、先进性、群众性的工会改革方向。强调时代在发展，事业在创新，工会工作也要发展、也要创新。加强和改进新形势下工会工作，最重要的是要保持和增强政治性、先进性、群众性。政治性是工会组织的灵魂，先进性是工会工作的重要着力点，群众性是工会组织的根本特点。在建机制、强功能、增实效上下功夫，创新组织体制、运行机制、活动方式、工作方法，让职工群众真正感受到工会是“职工之家”、工会干部是最可信赖的“娘家人”、贴心人，把工会组织建设得更加充满活力、更加坚强有力。这是推进工会工作创新发展的根本要求。

——坚持加强基层工会建设。强调必须以职工为中心、让职工当主角，眼睛向下、面向基层，力量配备、服务资源向基层倾斜，着力扩大覆盖面、增强代表性，着力强化服务意识、提高维权能力，着力加强队伍建设、提升保障水平，切实增强工会组织的凝聚力。最大限度把农民工吸收到工会组织中来，使他们成为工人阶级坚定可靠的新生力量。这是工会工作彰显活力的基础和关键。

习近平总书记关于工人阶级和工会工作的重要论述，意涵深刻、内容丰富，系统完备、科学辩证，是在我国波澜壮阔的工人运动伟大实践中产生的科学理论，具有强大的思想力量、深刻的指导作用、磅礴的实践伟力，其关键是坚持党的领导，根本是增强政治性、先进性、群众性，重点是维护职工权益、服务职工群众。这些重要论述涵盖了工会工作各领域、各方面，把我们党对工运事业和工会工作的规律性认识提升到一个新高度，是对马克思主义劳动学说和工运学说的传承和升华，是习近平新时代中国特色社会主义思想的重要组成部分，是新时代工运事业和工会工作创新发展的理论指导和行动指南。深刻领会和切实践行习近平总书记关于工人阶级和工会工作的重要论述，要求我们必须立足新时代中国特色社会主义的新方位、社会主要矛盾的新变化、共建共治共享社会治理的新格局、全面深化改革的新阶段，把握工会组织新使命、新目标、新要求，在工会各项工作中全面体现、全面落实，形成新的生动实践。

——立足新时代中国特色社会主义新方位，在实现党的十九大描绘的宏伟蓝图中贡献力量。中国特色社会主义进入新时代，这是我国发展新的历史方位。党的十九大描绘了决胜全面建成小康社会、夺取新时代中国特色社会主义伟大胜利的宏伟蓝图，作出了在2020年全面建成小康社会的基础上，分两步走在本世纪中叶建成富强民主文明和谐美丽的社会主义现代化强国的战略安排。这是工人阶级的历史重任，也是工会组织必须肩负的庄严使命。当今世界正处于大发展大变革大调整时期，全球治理体系和国际秩序变革加速推进，我国面临的改革发展稳定任务之重、矛盾风险挑战之多、治国理政考验之大前所未有。这要求工会组织发挥自身政治优势、组织优势、制度优势、群众优势、资源优势，引领职工脚踏实地艰苦奋斗、改革创新，在进行伟大斗争、建设伟大工程、推进伟大事业、实现伟大梦想中，展现新时代奋斗者的新风采。

——*立足社会主要矛盾新变化，在不断满足职工群众美好生活需要中担当作为。*新时代我国社会主要矛盾已经转化为人民日益增长的美好生活需要和不平衡不充分的发展之间的矛盾。适应这一新变化，不断满足职工群众的美好生活需要，成为新时代工会的奋斗目标。当前我国职工队伍规模不断壮大、结构深刻变化、素质逐步提升、权益得到实现，同时在收入分配、利益诉求、价值取向、思想观念等方面呈现日益多样化、差异化的新特征。这要求工会组织坚持以职工为中心的工作导向，深化对职工队伍发展变化特点与规律的认识，研究解决职工在劳动经济、精神文化、民主法治、公平公正、安全环境等方面多样化的需求，协调不同职工群体之间的利益关系，更好促进职工体面劳动、舒心工作、全面发展。

——*立足共建共治共享社会治理新格局，在推动构*

建中国特色和谐劳动关系中履职尽责。劳动关系是否和谐，事关经济发展与社会和谐，事关广大职工和企业的切身利益，是加强和创新社会治理的重要内容。随着新一轮科技革命和产业变革不断深入，数字经济、共享经济等新业态蓬勃兴起，企业组织形式、管理模式、生产经营方式及用工方式等发生深刻变化，劳动关系的确立与运行、职工权益的维护和保障面临许多新情况新问题，要求工会组织把推动构建中国特色和谐劳动关系作为工作主线，及时研判劳动关系的新动向、新特征和新问题，积极化解劳动关系矛盾，组织动员职工积极参与社会治理，最大限度增加和谐因素、最大限度减少不和谐因素，构建企业与职工命运共同体，维护职工队伍团结统一与社会和谐稳定，在完善社会治理体制与提高社会治理水平中发挥工会的优势和作用。

——立足全面深化改革新阶段，在构建联系广泛、服务职工的工会工作体系中开拓创新。党的十九大在新的历史起点上对全面深化改革作出战略谋划，党的十九届三中全会对深化党和国家机构改革作出重大部署。改革进入新阶段，将进一步触及深层次利益格局调整和制度体系变革，复杂性、敏感性、艰巨性更加突出。落实改革新任务，要求工会必须以坚定的政治性引导职工，以鲜明的先进性组织职工，以广泛的群众性凝聚职工，组织动员广大职工成为全面深化改革的支持者、参与者、推动者，以更大力度、更实举措推进工会改革创新，增强工会团结教育、维护权益、服务职工功能。

三、今后五年工会工作的主要任务

今后五年工会工作的主要任务是：全面贯彻党的十九大精神，以习近平新时代中国特色社会主义思想为指导，深入学习贯彻习近平总书记关于工人阶级和工会工作的重要论述，坚持走中国特色社会主义工会发展道路，坚定政治方向，凝聚奋进力量；着力推进产业工人队伍建设改革，充分激发职工劳动热情和创造活力；着力做好工会维权服务工作，切实提升职工群众获得感、幸福感、安全感；着力深化工会改革创新，全面增强政治性、先进性、群众性；着力提高工会系统党的建设质量，把工会组织建设得更加充满活力、更加坚强有力。

（一）始终坚持正确政治方向，推动习近平新时代中国特色社会主义思想在工会系统形成生动实践。

坚持正确政治方向，就是要坚持中国共产党领导和我国社会主义制度。各级工会要自觉成为在职工群众中、在基层凝聚人心、坚守前哨、冲锋陷阵的战斗队、工作队，通过扎实有效的工作和活动，把坚持中国共产党领导和我国社会主义制度落实到广大职工群众中去。

把学习宣传贯彻习近平新时代中国特色社会主义思想作为工会组织的重大政治任务，与学习贯彻习近平总书记关于工人阶级和工会工作的重要论述结合起来，健全学习制度、创新学习方式、深化学习效果，组织广大工会干部深刻学习领会其时代背景、科学体系、精神实质、实践要求和重大意义，推动当代中国马克思主义、21 世纪马克思主义深入人心、落地生根，增强政治意识、大局意识、核心意识、看齐意识，坚定对中国特色社会主义的道路自信、理论自信、制度自信、文化自信，坚决维护习近平总书记党中央的核心、全党的核心地位，坚决维护党中央权威和集中统一领导，在政治立场、政治方向、政治原则、政治道路上始终同以习近平同志为核心的党中央保持高度一致，坚定不移听党话、跟党走。

在广大职工中深入进行有特色、接地气的宣讲，发挥工会宣传教育阵地作用，把“大学习”课堂搬到工厂车间、生产一线，引导广大职工始终拥护核心、坚决拥戴领袖，更加紧密地团结在以习近平同志为核心的党中央周围，自觉捍卫中国共产党领导和我国社会主义制度，夯实党执政的阶级基础和群众基础。深化对习近平总书记关于工人阶级和工会工作的重要论述的研究阐释和实践运用，探索和把握新时代工运事业和工会工作特点与规律，推进工会理论创新、实践创新、制度创新，不断丰富和拓展中国特色社会主义工会发展道路，使之在实践中展现出更强大、更有说服力的真理力量。

（二）牢牢把握我国工人运动时代主题，团结动员广大职工以主人翁姿态建功新时代。

我国工人运动的时代主题，是为实现中华民族伟大复兴的中国梦而奋斗。把握这一主题，为实现党的十九大提出的目标任务奋力拼搏，是工人阶级发挥主力军作用、展现主人翁风采的重要体现，是工会组织围绕中心服务大局、体现价值彰显作为的重要途径。

把统一思想、凝聚力量作为工会思想政治工作的重要任务。坚持以社会主义核心价值观引领职工，深化“中国梦·劳动美”主题宣传教育，大力弘扬伟大民族精神和中华优秀传统文化，加强以职业道德为重点的“四德”建设，培育担当民族复兴大任的时代新人。加强宪法学习宣传教育，弘扬宪法精神，维护宪法法律权威。创新思想政治工作方式方法，充分运用职工喜欢和熟悉的时尚元素、话语体系，加快工会传统媒体与新媒体融合发展，提高思想引领水平，掌握工会意识形态工作主导权。加强职工文化建设，深化群众性精神文明创建活动，发挥工会报刊、出版社、职工书屋、职工文艺舞台等文化阵地作用，多提供思想精深、制作精良的文化产品，形成健康文明、昂扬向上的职工文化。

围绕高质量发展深化劳动和技能竞赛。把握稳中求进工作总基调，树立新发展理念，引导职工以国家重大战略、重大工程、重大项目、重点产业等为主攻方向，以“当好主人翁、建功新时代”为主题，广泛深入持久开展多种形式的劳动和技能竞赛。完善以企业岗位练兵和技术比武为基础、以国家和行业竞赛为主体、国内竞赛与国际竞赛相衔接的劳动和技能竞赛体系，丰富竞赛的领域、内涵、方式、机制，突出竞赛的时代特征、区域特色、行业特性和单位特点，积极探索在新产业新业态新组织中开展竞赛，提升职工参与率和受益度。深化创建“工人先锋号”活动，推进班组建设。深入开展技术革新、技术协作、发明创造、合理化建议、网上练兵和“小发明、小创造、小革新、小设计、小建议”等群众性经济技术创新活动，建设全国职工技术创新优秀成果网上展馆，开展职工创新成果评选、展示、交流活动。组织职工积极参与深化供给侧结构性改革，投身三大攻坚战，践行绿色生产生活方式，促进传统产业转型升级和先进制造业加快发展，为建设现代化经济体系、实现高质量发展、建设美丽中国贡献智慧和力量。

扎实推进产业工人队伍建设改革。围绕实施“中国制造 2025”，总结推广一批经验做法，推动完善产业工人技能形成体系，改进技能评价方式，畅通产业工人发展通道。推动实施符合技术工人特点的分配制度和长效激励机制，促进多劳者多得、技高者多得，加快职工科技创新成果转化，提升产业工人的政治待遇、经济待遇、社会待遇。大规模开展职业技能培训，提升培训的针对性有效性。组织产业工人参与实施走出去战略和“一带一路”建设。积极履行工会牵头职责，加强统筹协调、分类指导、督促检查，压紧压实改革责任，推进政策衔接和落地。

营造劳动光荣的社会风尚和精益求精的敬业风气。加强劳模和工匠人才创新工作室创建，深化新时代工匠学院建设。创新劳模培养选树和管理服务工作，推动落实劳模政策，加强劳模教育培训，为劳模成长搭建平台、创造条件，做到政治上信任、工作上支持、生活上关心。持续开展学习宣传先进模范和大国工匠系列活动，广泛宣传劳模和大国工匠先进事迹，厚植工匠文化，大力弘扬劳模精神、劳动精神、工匠精神，让诚实劳动、勤勉工作蔚然成风。

（三）切实维护职工合法权益，推动构建和谐劳动关系。

维护职工合法权益是工会的天职。工会要赢得职工群众信赖和支持，必须高举维护职工合法权益的旗帜，扎扎实实解决好职工群众最困难最忧虑最急迫的实际问题，使改革发展成果更多更公平惠及职工群众。

维护职工劳动经济权益。加强源头参与，代表职工主动参与涉及职工利益的法律法规政策的制定修改。推动落实就业优先战略和更加积极的就业政策，深化工会就业创业服务，促进创业带动就业，推动实现更高质量和更充分就业。做好供给侧结构性改革中职工转岗安置等工作，帮助就业困难人员尽快实现稳定就业。督促落实劳动合同制度，推动劳动用工规范管理。以提质增效为重点深化集体协商工作，参与制定行业劳动定额，推动完善企业工资决定、正常增长和支付保障机制，推动健全工资指导线、企业薪酬调查和信息发布等制度，促进职工工资随经济效益和劳动生产率同步增长提高。推动落实职工带薪年休假等制度，建立健全工时协商机制。促进构建多层次社会保障体系，扩大覆盖面，提高保障水平，推动解决职工漏保、断保问题，加强职工医疗互助。健全完善工会农民工维权服务体系，推动落实农民工欠薪报告制度，推动解决拖欠农民工劳动报酬和社保转移接续等问题，逐步实现平等享受城镇基本公共服务。完善工会劳动保护监督机制，深化“安康杯”竞赛活动，深入开展安全生产、职业病防治工作。切实保护女职工合法权益和特殊利益。推动建立适应新业态的用工和社保制度，建立健全互联网平台用工等新就业形态劳动标准体系。

推动完善协调劳动关系制度机制。健全政府和工会联席会议制度，做实省、市、县三级地方及产业的协调劳动关系三方机制，并向乡镇（街道）、经济开发区、高新技术园区延伸。健全以职工代表大会为基本形式的企事业单位民主管理制度体系，进一步向非公有制企业拓展。深化“公开解难题、民主促发展”主题活动，推进厂务公开制度化、规范化，完善职工董事、职工监事制度，推进职工代表素质提升工程，提高企事业单位民主管理工作覆盖面和实效性。推动企事业单位构建内部利益矛盾自主调处机制，把职代会、集体协商、职工董事监事制度等融入企业法人治理结构。深化和谐劳动关系创建活动，充分发挥全国模范劳动关系和谐企业与工业园区的示范作用。深入开展“尊法守法·携手筑梦”服务农民工法治宣传和公益法律服务行动，引导职工依法理性有序表达诉求。推动完善劳动保障监察执法与工会监督联动工作格局，完善工会劳动法律监督“两书”制度，督促企业履行社会责任，引导职工增强守法诚信意识，推动国家诚信体系建设。

参与加强和创新社会治理。推动社会治理制度建设，发挥工会组织的协同作用。加强对劳动关系领域社会组织的政治引领、示范带动和联系服务，通过项目合作、购买服务等社会化、市场化方式，引导社会组织为职工提供专业化服务。加强劳动关系矛盾预防和化解机制建设，总结推广源头治理劳动纠纷经验，建立健全工会、法院、人社、司法联动机制，健全工会劳动关系发展态势监测和分析研判制度，推动建立在线解决机制。积极推动劳动争议处理工作，通过协商、调解、仲裁诉讼等方式依法调处劳动关系矛盾。增强政治敏锐性和政治鉴别力，加强劳动关系领域风险排查化解、应急处置，坚决防止敌对势力煽动渗透破坏，坚决维护职工队伍和工会组织的团结统一，坚决维护企业和社会大局和谐稳定。

（四）提高服务工作质量，更好满足职工群众美好生活需要。

竭诚服务职工群众是工会一切工作的出发点和落脚点。各级工会要坚持职工利益无小事的理念，顺应职工对美好生活的新期待，把工作重心放在广大职工身上，从大处着眼、小处着手，满腔热情做好服务职工工作。

健全服务职工体系。坚持职工需求导向，构建以精准帮扶为重点的工会服务职工体系，提升困难职工帮扶中心（职工服务中心）综合服务职工功能，做实各类职工维权帮扶、保障服务项目。推进“会、站、家”一体化建设，进一步做好工会户外劳动者服务站点建设工作，推行工会服务职工工作项目清单制度，推进“互联网+”工会普惠性服务。深化工会财务改革，构建工会经费普惠职工的保障机制。做优做强工会资产，进一步增强公益性、服务性，更好发挥工人疗休养院、工人文化宫、职工互助保障组织等服务职工的作用。

拓宽服务职工领域。鼓励支持向社会购买服务，确保规范操作、稳妥推进。推动完善职工福利制度，做好职工生活保障服务。加强工会志愿者队伍建设，广泛开展职工志愿服务活动。注重对职工的人文关怀和心理疏导，组织开展职工喜闻乐见的群众性文体活动，在做好物质服务、生活服务的同时提供更高水平的精神和文化服务，让工会在职工需要时能够看得见、找得到、信得过、靠得住，使所有工会组织都成为名副其实的“职工之家”，所有工会干部都成为职工群众信赖的“娘家人”、贴心人。

加强困难职工帮扶和脱贫攻坚工作。分类做好城市困难职工解困脱困工作，推进困难职工帮扶与政府救助、公益慈善力量有机结合，推动建立低保与扶贫有序衔接机制，实现帮扶送温暖常态化、经常化、日常化。把提高解困脱困工作质量放在首位，坚持扶贫同扶志、扶智相结合，让困难职工同步迈入全面小康社会。在打赢脱贫攻坚战中充分发挥工会作用，把工会工作资源手段向贫困地区特别是深度贫困地区倾斜，推进工会系统东西部扶贫协作工作，加强工会对口援疆援藏工作。

（五）深化工会改革创新，不断增强工会工作的动力活力。

改革创新是时代发展的最强音，也是工运事业蓬勃发展的不竭动力。各级工会要聚焦增强政治性、先进性、群众性，进一步优化工会的组织体制、运行机制、管理模式和工作方式，将工会改革进行到底。

上下联动、整体推进工会改革。着眼增强改革的系统性、整体性、协同性，搞好顶层设计，加强与中央和地方机构改革衔接协调，强化优化职能，聚焦主责主业，破解制约工会工作创新发展的制度性障碍，形成联系广泛、服务职工的工会工作体系。适应深化党和国家机构改革新情况，对产业工会设置进行相应调整，根据地方产业发展实际建立健全产业工会组织体系，推进工会事业单位体制机制改革。加强分类指导，把重点放在为下级工会提供更多更好的指导服务上，及时总结推广改革成功经验，推动工会改革顶层设计和基层探索良性互动、有机结合。注重用制度巩固改革成果，把经过实践证明有效的做法上升为制度机制。健全改革督查机制，强化跟踪问效，采取职工满意度测评、第三方评价等方式，完善改革效果评价机制，切实提高职工群众对工会改革的获得感、认可度。

积极建设智慧工会。强化互联网思维，运用大数据、云计算、物联网、人工智能等手段推进工会工作，促进互联网和工会工作融合发展，构建网上工作平台，打造工会工作升级版。推进实施《全国工会网上工作纲要（2017—2020年）》，建设实名动态、全面覆盖、安全共享的工会大数据库，加强互联网内容和舆论阵地建设，充分利用移动客户端、微博、微信，结合“12351”职工服务热线，建立健全工会新媒体矩阵。强化“互联网+”工会顶层设计，加强通用平台建设，推进上下级工会组织间互联互通，逐步形成全总主导、地方跟进、产业参与、协同互动、线上线下有机结合的工会网上工作体系。

不断夯实基层基础。树立大抓基层的鲜明导向，坚持落实到基层、落实靠基层理念，把工作力量、经费使用等进一步向基层倾斜，实现依法建会、开门办会、从严治会、人才兴会。健全乡镇（街道）—村（社区）—企业小三级工会组织体系，做到哪里有职工群众、哪里就要有工会组织，哪里需要做群众工作、工会工作就跟进到哪里。加强县级和中心城市行业工会建设，推进新经济组织、新社会组织、开发区（工业园区）工会建设，加强工会女职工组织建设，提高建会质量。加强走出去企业、“一带一路”建设中海外企业工会工作。强化职工在建会中的主体地位，探索职工网上申请入会等方式，推动工会组织向新兴领域新兴群体延伸。推进基层工会组织和工会会员实名制管理，逐步实现工会组织和工作覆盖精准化。规范集团公司工会组织领导关系和管理体制，坚决制止、纠正随意撤并工会组织和机构、弱化工会地位和作用的行为。

（六）推进工会系统党的建设，为做好新时代工会工作提供坚强保证。

打铁必须自身硬。工会要履行好职责使命，必须首先把自身建设好。要认真贯彻新时代党的建设总要求，以党的政治建设为统领，带动工会自身建设全面推进。

从严从实加强工会系统党的建设。各级工会党组织要认真履行管党治党政治责任，全面加强工会系统党的政治建设、思想建设、组织建设、作风建设、纪律建设，把制度建设贯穿其中，提高工会系统党的建设质量。坚持党建带工建，以提升组织力为重点，突出政治功能，强化工会基层党组织建设。按照党中央统一部署，认真开展“不忘初心、牢记使命”主题教育。扎实推进工会系统党风廉政建设和反腐败工作，以政治巡视为重点，全面深入开展巡视工作，综合运用监督执纪“四种形态”，完善监督机制，聚焦问责追究，巩固落实中央八项规定精神成果。加大工会经费、资产监督管理力度，构建国家审计、工会经审、社会审计、职工会员监督相结合的经审监督体系。

深化工会干部队伍建设。贯彻落实《关于进一步激励广大干部新时代新担当新作为的意见》，完善工会干部培养、交流和使用制度，注重在基层一线和职工群众中培养工会干部，优化干部成长路径，打造专职为主、兼职挂职相结合的干部队伍。建立健全工会干部思想教育、激励保障和考核评价机制，关心爱护基层工会干部。加强工会积极分子队伍建设，扩大社会化工会工作者队伍，推动纳入国家社会工作专业人才队伍体系。建立工会干部系统化培训机制，以基层工会干部为重点大规模开展学习培训，深化“送教到基层”活动，提高培训质量，增强群众工作本领，培养一大批劳动经济、劳动法律、劳动关系、信息技术等方面专门人才，打造一支高素质专业化的工会干部队伍。

驰而不息抓好工会作风建设。大兴调查研究之风，把群众路线作为工会工作的生命线和根本工作路线，深入细致开展调查研究，扑下身子、沉到一线，深入企业、走进职工，力戒“四风”。健全完善基层联系点、与职工结对子同劳动、代表联络、提案办理、工作评价评议等常态化联系职工群众制度，面对面、心贴心、实打实做好职工群众工作。

加强工会港澳台工作和外事工作。充分发挥工会群众性特点，深化同港澳台工会和职工的交流合作，促进港澳长期繁荣稳定和祖国和平统一。高举“和平、发展、合作、工人权益”的旗帜，围绕国家总体外交战略和“一带一路”建设，加强工会和职工对外交流交往，讲好中国故事、中国工人阶级故事、中国工会故事，巩固和扩大我国工会在国际工运领域的话语权、影响力，为推动构建人类命运共同体作贡献。

各位代表、同志们，社会主义是干出来的，新时代也是干出来的。新时代赋予工人阶级新使命，新征程呼唤工会组织新作为。让我们更加紧密地团结在以习近平同志为核心的党中央周围，以习近平新时代中国特色社会主义思想为指导，坚定不移走中国特色社会主义工会发展道路，团结动员亿万职工凝心聚力、开拓进取，为决胜全面建成小康社会、夺取新时代中国特色社会主义伟大胜利、实现中华民族伟大复兴的中国梦而不懈奋斗！

名 词 解 释

职工书屋：是工会面向全国职工开展的一项重要文化工程，是《中华人民共和国公共文化服务保障法》规定的重要公共文化设施服务场所。职工书屋主要建在一线职工包括农民工生产生活相对集中的基层企事业单位、城市社区、工业园区和重点建设项目工地，为广大职工提供方便实用的读书场所和学习条件，满足职工群众的精神文化需求。自2008年以来，全国已建成职工书屋10万余家，并建成开通电子职工书屋阅读系统，成为工会工作的一项重要品牌。

“当好主人翁、建功新时代”主题劳动和技能竞赛：劳动和技能竞赛是工会组织开展的旨在激发职工主人翁精神、调动职工积极性、团结动员职工投身国家经济建设的一系列活动。根据竞赛内容不同，劳动和技能竞赛可划分为生产型竞赛、智能型竞赛、技能型竞赛三类。根据不同历史时期党和国家发展目标和工人阶级承担的历史使命，全国总工会组织开展了系列主题竞赛。2017年全总十六届七次执委会作出决议，号召广大职工以“当好主人翁、建功新时代”为主题，广泛深入持久开展各种形式的劳动和技能竞赛，作为激发新时代工人阶级的精气神、彰显新时代主人翁新作为的重要载体，赋予了劳动和技能竞赛新的时代内涵。

产业工人技能形成体系：是指建立和完善包括技能投

资制度、技能供应制度、技能评价和资格认证制度、技能使用制度、社会合作制度等在内的保障产业工人技能形成的制度体系。2017 年 4 月，中共中央、国务院印发的《新时期产业工人队伍建设改革方案》提出构建产业工人技能形成体系，旨在有效干预技能形成过程，形成有利于提高产业工人队伍技能水平的体制环境，为实施制造强国战略提供强大的技能支撑和人才保障。

“四个一批”：是指针对不同致困原因的城市困难职工群体采取不同的解困脱困措施开展分类帮扶。针对有劳动能力的困难职工，通过加强技能培训、提供创业援助等方式，以就业创业解困脱困一批；针对因企业欠缴社会保险费或没有落实相关社保待遇的困难职工，将其纳入国家社会保险制度覆盖一批；针对因病致困的职工，推动将其纳入大病保险和医疗互助保险保障一批；针对符合低保条件的困难职工，通过社会救助兜底一批。

马克思主义劳动学说：是指马克思主义关于劳动在人类的生产、人和人类社会的形成和发展中地位和作用的学说。“劳动创造了人本身”，这是马克思主义劳动学说的一条基本论断。

数字经济：是指一个经济系统，在这个系统中，数字技术被广泛使用并由此带来了整个经济环境和经济活动的根本变化。数字经济的本质在于信息化，包括信息技术的产业化、传统产业的信息化、基础设施的信息化、生活方式的信息化等内容。

共享经济：也被称作“分享经济”，是指利用网络信息技术，通过互联网平台，将分散资源进行优化配置，提高利用效率的新型经济形态。其主要特点是，以信息技术为基础的市场平台，所有权与使用权相对分离，供给侧与需求侧弹性匹配、动态实时对接。

“四德”建设：是指社会公德、职业道德、家庭美德、个人品德建设。

群众性经济技术创新活动：又称“职工技术创新活动”，是指工会组织职工群众开展的劳动和技能竞赛、合理化建议、技术革新、技术协作、发明创造等活动，旨在促进企业技术创新、服务改进、提质降耗、节能减排和加强管理，提高经济效益和工作效率。

劳模和工匠人才创新工作室：是指由具有较强技术能力、业务能力、创新能力、管理能力的劳模和工匠人才领衔，以技术创新、管理创新、服务创新、制度创新为主要内容，以解决工作现场难题、推动所在单位创新发展为目标的群众性创新活动团体。

新就业形态：是指伴随着互联网技术广泛应用、新业态蓬勃发展而出现的平台化、去雇主化的就业模式。2015年10月29日党的十八届五中全会公报中首次提出了新就业形态这个概念。

工会劳动法律监督“两书”制度：是指工会劳动法律监督意见书和建议书制度。工会发现用人单位存在违反劳动法律法规规章、侵害职工合法权益行为时，应当依法督促其及时改正，必要时向其发出《工会劳动法律监督意见书》。用人单位未按工会意见改正违法行为的，工会可向同级劳动行政等相关部门发出《工会劳动法律监督建议书》，建议依法查处。

“会、站、家”一体化建设：是指以加强基层工会组织建设和制度建设为基础，把组建工会、建立职工服务中心（站点）、建设职工之家三位一体统一起来，依法规范工会基层组织建设，激发基层工会活力。

智慧工会：是指工会组织通过运用互联网、大数据、云计算、人工智能等先进信息技术构建的工会智能化服务职工体系，突出工会干部的主观能动性和工会工作的精神文化层面，为职工群众提供普惠性、便捷性、精准性、常态化服务，形成线上线下相互融合的工会工作新格局。

新经济组织、新社会组织：简称“两新”组织。新经济组织是指私营企业、外商投资企业、港澳台商投资企业、股份合作企业、民营科技企业、个体工商户、混合所有制经济组织等各类非国有集体独资的经济组织。新社会组织是指社会团体和民办非企业单位的统称。

新兴领域、新兴群体：新兴领域是指与新产业新业态新商业模式等相关的若干领域。新兴群体主要指利用互联网平台等就业的网约车司机、网约送餐员等群体。

社会化工会工作者：主要是指由县级以上地方总工会从社会公开招聘、工资由工会承担发放，定向选派到乡镇（街道）工会、县以下区域（行业性）基层工会联合会等，专职从事工会工作的人员。

关于中华全国总工会第十六届执行委员会报告起草情况的说明

（2018 年 10 月 22 日）

李 玉 赋

各位代表，同志们：

我受中华全国总工会第十六届执行委员会的委托，向大会作关于中华全国总工会第十六届执行委员会报告（以下简称工会十七大报告）起草情况的说明。

一、关于报告起草的过程

中国工会第十七次全国代表大会，是深入贯彻落实党的十九大精神、推动新时代工会工作开创新局面的一次重要会议，是全国亿万职工群众和广大工会干部政治生活中的一件大事。作为工会十七大筹备工作的重点任务，起草出一个凝聚各级工会智慧、顺应干部职工期待的高质量报告，是大会胜利召开的重要环节。

党中央高度重视工会十七大报告起草工作。中共中央政治局常委、中央书记处书记王沪宁同志作出重要指示，对如何筹备好工会十七大特别是起草好工会十七大报告提出明确要求。9 月 7 日，王沪宁同志主持召开中央书记处办公会议，专门听取全总党组关于工会十七大筹备工作情况的汇报，对工会十七大报告予以充分肯定，并提出修改意见。王东明同志多次指示，要在党中央领导下，精心做好各项筹备工作，重点起草好大会报告，修改好《中国工会章程》，做好代表选举工作。全总党组、书记处把起草好工会十七大报告作为重要政治任务来抓，组织力量开展起草工作。

（一）加强组织领导。成立了由全总领导同志任组长，办公厅、研究室相关人员组成的报告起草小组，根据《中国工会第十七次全国代表大会筹备工作方案》，制定起草工作方案，有序推进起草工作。

（二）强化理论学习。认真学习领会习近平新时代中国特色社会主义思想和党的十九大精神，学习习近平总书记关于工人阶级和工会工作的重要论述特别是给中国劳动关系学院劳模本科班学员的回信精神，统一思想认识，提高政治站位，努力奠定理论基础。

（三）开展调研论证。3 月，先后召开了由各全国产业工会，中直工会、国直工会，全总机关各部门、各直属单位负责同志参加的 3 个座谈会，及全国工会研究室主任会议，分赴 10 个省（市）开展实地调研，围绕如何起草好报告广泛征求意见。2 月至 6 月，全总工会理论研究会（中国特色社会主义工会发展道路研究会）围绕筹备召开工会十七大，设置 5 项专项委托课题进行招标研究。4 月至 6 月，在全总机关离退休老同志中开展“建言中国工会十七大”主题征文活动。在充分吸纳各方意见基础上，形成了工会十七大报告初稿。

（四）广泛征求意见。4 月中旬至 7 月底，王东明同志带头，全总领导等分别带队赴12个省（区、市）开展调研，征求各级工会干部和职工群众对报告的意见建议。在京召开4个座谈会和1个研讨会，征求地方工会、产业工会、全总机关各单位及部分全总老领导的意见建议。6月22日，全总党组、书记处会议研究讨论了报告。6月27日，王东明同志在全总集中调研督查情况汇报会上对修改报告进一步提出要求。8月上旬，书面征求了中央纪委国家监委机关、中央组织部、中央宣传部、中央政策研究室等13个中央和国家机关部委的意见。

8月20日，全总党组将报告上报中央办公厅。根据9月7日中央书记处办公会议精神，对报告进行了修改。9月17日，全总党组、书记处会议研究修改了报告。9月19日—20日，全总十六届十八次主席团会议和十六届九次执委会议对报告进行了讨论修改，原则通过了报告（审议稿），决定提交工会十七大审议。会后报王沪宁同志审阅。根据王沪宁同志的意见，对工会十七大报告再次进行修改后，上报中共中央审定，形成提交本次大会的报告。

二、关于起草报告的基本考虑

在工会十七大报告起草中，着重把握4个方面的要求。

（一）坚持政治方向。以习近平新时代中国特色社会主义思想和党的十九大精神为指导，贯彻落实全心全意依靠工人阶级方针，突出保持和增强工会工作和工会组织的政治性、先进性、群众性这一主线，努力使报告体现中央精神，符合政治报告的要求。

（二）突出问题导向。围绕党和国家工作大局及工会工作全局，聚焦职工群众最关心最直接最现实的利益问题，力求针对时代课题，回应职工群众期待，解决工会工作难题。

（三）体现改革取向。贯彻落实中央关于深化党和国家机构改革的重要部署，结合工会实际，突出工会改革与中央和地方党政机构改革衔接协调，突出工人阶级支持、参与、推动改革的积极性主动性创造性，努力使报告贯穿改革精神，体现前瞻性、探索性。

（四）汇集各方智慧。坚持群众路线，发扬民主、集思广益，广泛开展实地调研、组织研讨论证，充分凝聚各级工会干部、职工群众、有关部委和专家学者的智慧，努力使报告形成过程变成统一思想、凝聚共识的过程，体现代表性、广泛性和民主性。

三、关于报告主要框架和内容

报告由回顾总结、理论阐述、主要任务等三部分组成，按照成绩总结求实、理论概括求高、工作部署求新的要求来把握。全文1.5万字左右。

（一）报告第一部分回顾过去五年工会工作取得的重要成就。从6个方面阐述工会十六大以来五年工运事业与工会工作的进展成效，即切实加强对职工的思想政治引领，党执政的阶级基础和群众基础更加巩固；大力弘扬劳模精神、劳动精神、工匠精神，工人阶级在实现中国梦中的主力军作用充分发挥；扎实推进产业工人队伍建设改革，工人阶级先进性不断增强；深入开展维权服务工作，职工群众获得感、幸福感、安全感明显提升；持续深化工会改革创新，工会组织吸引力凝聚力战斗力显著增强；全面加强工会系统党的建设，风清气正的政治生态进一步形成等。同时分析了工会工作存在的问题和不足。

（二）报告第二部分提出要深入学习贯彻习近平新时代中国特色社会主义思想，坚定不移走中国特色社会主义工会发展道路。报告指出，习近平新时代中国特色社会主义思想，是全党全国各族人民为实现中华民族伟大复兴而奋斗的行动指南，为新时代工运事业和工会工作创新发展提供了根本遵循。习近平总书记围绕工人阶级和工会工作发表的重要讲话、作出的重要指示，形成了习近平总书记关于工人阶级和工会工作的重要论述，为新时代工人阶级和工会工作指明了前进方向。报告用“八个坚持”概括了习近平总书记关于工人阶级和工会工作的重要论述的精神实质，提出其关键是坚持党的领导，根本是增强政治性、先进性、群众性，重点是维护职工权益、服务职工群众，以“四个立足”分析了习近平总书记关于工人阶级和工会工作的重要论述的实践要求。

（三）报告第三部分提出今后五年工会工作的主要任务。今后五年工会工作的主要任务是：全面贯彻党的十九大精神，以习近平新时代中国特色社会主义思想为指导，深入学习贯彻习近平总书记关于工人阶级和工会工作的重要论述，坚持走中国特色社会主义工会发展道路，坚定政治方向，凝聚奋进力量；着力推进产业工人队伍建设改革取得新进展，充分激发职工劳动热情和创造活力；着力提高工会维权服务工作质量，切实提升职工群众获得感、幸福感、安全感；着力深化工会改革创新，全面增强政治性、先进性、群众性；着力提高工会系统党的建设质量，把工会组织建设得更加充满活力、更加坚强有力。围绕这些主要任务，提出了6个方面工作，即始终坚持正确政治方向，推动习近平新时代中国特色社会主义思想在工会系统形成生动实践；牢牢把握我国工人运动时代主题，团结动员广大职工以主人翁姿态建功新时代；推动构建和谐劳动关系，切实维护职工合法权益；提高服务工作质量，更好满足职工群众美好生活需要；深化工会改革创新，不断增强工会工作的动力活力；推进工会系统党的建设，为做好新时代工会工作提供坚强保证等。

中国工会第十七次全国代表大会关于中华全国总工会第十六届执行委员会报告的决议

（2018 年 10 月 26 日　中国工会第十七次全国代表大会通过）

中国工会第十七次全国代表大会审议并批准王东明同志代表中华全国总工会第十六届执行委员会所作的《以习近平新时代中国特色社会主义思想为指导　团结动员亿万职工为决胜全面建成小康社会　夺取新时代中国特色社会主义伟大胜利而奋斗》的报告。

大会认为，报告确定的主题阐明了新时代工会工作的指导思想、发展道路、使命担当和奋斗目标，适应新的形势发展，符合党的要求和职工的期望。报告全面贯彻党的十九大精神，以习近平新时代中国特色社会主义思想为指导，阐述了习近平总书记关于工人阶级和工会工作的重要论述的丰富内涵和实践要求，总结了过去五年工会工作取得的重要成就，提出了今后五年工会工作的主要任务，是指导新时代工会工作的重要文献。

大会高度评价党的十八大以来，在以习近平同志为核心的党中央坚强领导下，全国亿万职工为推进中国特色社会主义伟大事业作出的重要贡献。大会充分肯定了全国总工会第十六届执行委员会的工作，指出中国工会十六大以来，各级工会坚持以习近平新时代中国特色社会主义思想为指导，坚持走中国特色社会主义工会发展道路，牢牢把握为实现中华民族伟大复兴的中国梦而奋斗的工人运动时代主题，忠诚履职、积极作为，锐意改革、勇于创新，各项工作取得了显著成效，在党和国家工作大局中发挥了重要作用。大会强调，这些成就的取得，最根本就在于以习近平同志为核心的党中央坚强领导，在于习近平新时代中国特色社会主义思想的科学指引。

大会认为，习近平新时代中国特色社会主义思想，是全党全国各族人民为实现中华民族伟大复兴而奋斗的行动指南，是各级工会组织和广大工会干部的强大思想武器。大会指出，习近平总书记对党的工运事业和工会工作高度重视，围绕工人阶级和工会工作多次发表重要讲话、作出重要指示，深刻阐明了工会工作的地位作用、目标任务、实践要求，科学回答了工人阶级和工会工作的一系列方向性、根本性、战略性重大问题，形成了习近平总书记关于工人阶级和工会工作的重要论述。这些重要论述，是习近平新时代中国特色社会主义思想的重要组成部分，为新时代工运事业和工会工作创新发展指明了前进方向，必须长期坚持、全面贯彻。各级工会组织要立足新时代中国特色社会主义新方位、社会主要矛盾新变化、共建共治共享社会治理新格局、全面深化改革新阶段，把握工会组织新使命、新目标、新要求，努力开创新时代工会工作新局面。

大会同意报告提出的今后五年工会工作的主要任务。大会强调，要全面贯彻党的十九大精神，以习近平新时代中国特色社会主义思想为指导，深入学习贯彻习近平总书记关于工人阶级和工会工作的重要论述，引导广大职工和工会干部坚决维护习近平总书记党中央的核心、全党的核心地位，坚决维护党中央权威和集中统一领导，在思想上政治上行动上始终同以习近平同志为核心的党中央保持高度一致，始终坚持工会工作正确政治方向，切实承担起团结引导职工群众听党话、跟党走的政治责任。要牢牢把握我国工人运动时代主题，充分激发职工劳动热情和创造活力，团结动员广大职工以主人翁姿态建功新时代。要高举维护职工合法权益的旗帜，满腔热情做好服务职工工作，提高工会维权服务工作质量，切实提升职工群众获得感、幸福感、安全感。要牢牢把握工会改革部署要求，聚焦增强政治性、先进性、群众性，深化工会改革创新，增强工会工作的动力活力。要认真贯彻新时代党的建设总要求，以党的政治建设为统领，加强工会系统党的建设，为做好新时代工会工作提供坚强保证。

大会号召，各级工会组织和广大工会干部要更加紧密地团结在以习近平同志为核心的党中央周围，以习近平新时代中国特色社会主义思想为指导，坚定不移走中国特色社会主义工会发展道路，团结动员亿万职工凝心聚力、开拓进取，为决胜全面建成小康社会、夺取新时代中国特色社会主义伟大胜利、实现中华民族伟大复兴的中国梦而不懈奋斗！

学习问答

1. 中国工会十七大的主题是什么？

中国工会十七大的主题是：以习近平新时代中国特色社会主义思想为指导，坚持走中国特色社会主义工会发展道路，忠诚党的事业，竭诚服务职工，团结动员亿万职工为决胜全面建成小康社会、夺取新时代中国特色社会主义伟大胜利而奋斗。主题5句话、88个字，言简意赅，内涵丰富，思想深刻，作为一条红线贯穿大会的始终，明确了工会工作的指导思想、发展道路、使命担当、奋斗目标，是十七大报告的总纲。

首先，明确了工会工作的指导思想，即以习近平新时代中国特色社会主义思想为指导。党的十九大将习近平新时代中国特色社会主义思想确立为党的指导思想并写进党章，十三届全国人大一次会议通过的宪法修正案将习近平新时代中国特色社会主义思想载入宪法。习近平新时代中国特色社会主义思想，是马克思主义中国化最新成果，是中国特色社会主义理论体系的重要组成部分，是全党全国人民为实现中华民族伟大复兴而奋斗的行动指南，也为推进新时代工运事业和工会工作提供了根本遵循，是各级工会组织和广大工会干部的强大思想武器。坚持用习近平新时代中国特色社会主义思想武装头脑、指导实践、推动工作，是党的十九大提出的重大战略任务，是工会组织的首要政治任务。

其次，明确了工会发展道路，即坚持走中国特色社会主义工会发展道路。这条道路是在推进中国特色社会主义事业进程中探索形成的，是工会坚持中国特色社会主义道路、理论体系、制度的必然结果。习近平总书记指出，中国特色社会主义工会发展道路是中国特色社会主义道路的重要组成部分，深刻反映了中国工会的性质和特点，是工会组织和工会工作始终沿着正确方向前进的重要保证，要始终坚持这条道路，不断拓展这条道路，努力使这条道路越走越宽广。这一重要指示，深刻阐明了工会发展道路与中国特色社会主义道路的关系，充分肯定了工会发展道路对我国工运事业发展的重大时代意义，也对工会坚持这条道路提出了明确政治要求。

其三，明确了工会的使命担当，即忠诚党的事业，竭诚服务职工。中国工会是党领导的职工自愿结合的工人阶级群众组织，是重要的政治组织。对党忠诚，是对工会组织第一位的要求，是工会工作和工会组织政治性的集中体现。工会忠诚党的事业，就是要始终把自己置于党的领导之下，坚决维护习近平总书记党中央的核心、全党的核心地位，坚决维护党中央权威和集中统一领导，在政治立场、政治方向、政治原则、政治道路上始终同以习近平同志为核心的党中央保持高度一致。工会作为经济关系和劳动关系矛盾的产物，为职工群众服务是工会的天然属性和生命线。工会要赢得职工群众的信赖和支持，就必须做好维护职工群众合法利益的工作，反映职工群众的利益诉求，为职工群众做好服务。只有通过积极有效的维权服务，才能把广大职工吸引到工会组织中来，更好地团结引导广大职工听党话、跟党走，不断夯实党执政的阶级基础和群众基础。

最后，明确了工会的奋斗目标，即团结动员亿万职工为决胜全面建成小康社会、夺取新时代中国特色社会主义伟大胜利而奋斗。党的十九大描绘了决胜全面建成小康社会、夺取新时代中国特色社会主义伟大胜利的宏伟蓝图，作出了在2020年全面建成小康社会的基础上，分两步走在本世纪中叶建成富强民主文明和谐美丽的社会主义现代化强国的战略部署。实现这一伟大目标，符合包括亿万职工在内的全国人民的根本利益和共同愿望，必将造福于广大职工，也需要广大职工的劳动、创造、奉献。团结动员亿万职工为党确立的发展目标不懈奋斗，是工会组织体现先进性的重要着力点。工会必须围绕中心、服务大局，把广大职工主人翁精神充分激发出来，把积极性、主动性、创造性充分调动起来，满怀信心投身决胜全面建成小康社会、夺取新时代中国特色社会主义伟大胜利的火热实践，形成万众一心、众志成城的磅礴力量。

（吕国泉）

2. 中国工会十七大的重要意义是什么？

中国工会第十七次全国代表大会，是在我国进入全面建成小康社会决胜阶段、中国特色社会主义进入新时代召开的一次重要会议。大会高举中国特色社会主义伟大旗帜，全面贯彻党的十九大精神，以习近平新时代中国特色社会主义思想为指导，回顾总结了中国工会十六大以来五年工会工作取得的成就，明确提出了今后五年工会工作的主要任务，修改了《中国工会章程》，选举产生了中华全国总工会新一届领导机构。这对于各级工会组织团结动员全国亿万职工和广大工会干部凝心聚力、砥砺奋进，开创新时代工运事业和工会工作新局面，具有重大现实意义和深远历史意义。

一是具有重大的政治意义。中国工会十七大是深入贯彻落实党的十九大精神、推动新时代工会工作开创新局面的一次重要会议，是全国亿万职工群众和广大工会干部政治生活中的一件大事。以习近平同志为核心的党中央对开好工会十七大高度重视。会前，中央书记处召开办公会议，听取大会筹备工作汇报、作出重要指示，对开好大会提出明确要求。大会期间，习近平总书记等党和国家领导同志出席开幕式，李克强总理为大会作经济形势报告，王沪宁同志代表党中央向大会致词。会后，习近平总书记同全国总工会新一届领导班子成员集体谈话并发表重要讲话。这些都充分体现了党中央对广大职工和工会干部的关心重视，对工运事业和工会工作的坚强领导，对工会组织寄予的厚望。工会十七大贯彻落实习近平新时代中国特色社会主义思想和党的十九大精神，强调了工会工作必须把握的正确政治方向和根本原则，贯穿了工会工作和工会组织增强政治性这一灵魂，既是中国工会的一次换届大会，更是对全国亿万职工为实现“两个一百年”奋斗目标、实现中华民族伟大复兴的中国梦而奋斗的政治动员，是对工会组织更好履行团结引导职工群众听党话、跟党走政治责任的时代召唤。

二是具有深刻的理论意义。工会十七大在深入学习贯彻习近平新时代中国特色社会主义思想基础上，结合职工队伍和工会工作实际，将党的十八大以来习近平总书记提出的涉及工会工作的一系列新思想新观点新论断进行系统梳理，概括提炼为习近平总书记关于工人阶级和工会工作的重要论述，提出了“八个坚持”的基本内涵和“四个立足”的实践要求，明确这一重要论述是习近平新时代中国特色社会主义思想的重要组成部分。《中国工会章程（修正案）》将习近平新时代中国特色社会主义思想和习近平总书记关于工人阶级和工会工作的重要论述写入新章程之中。这些都进一步丰富发展了马克思主义劳动学说、工人阶级与工运理论、党的群众工作理论、中国特色社会主义工会发展道路理论，为推动工运事业创新发展提供了坚实的理论指导和根本遵循。这是工会十七大的最大亮点，也是其重大理论贡献。

三是具有强烈的现实意义。工会十七大在传承工会历史上取得的辉煌成就与宝贵经验的基础上，充分听取工会系统内外、上下各方面意见建议，对今后五年工会工作作出重要部署，提出广大职工的历史使命和工会工作的主要任务，不仅分析了工会工作面临的形势，提出工会为什么干、根据什么干的理论问题，还明确怎么干、通过什么途径、达到什么目标等实践问题，提出“一个全面四个着力”的主要任务和六个方面具体工作。这些部署安排，思路清晰、措施具体、目标明确，贯彻了党中央对工运事业和工会工作的重要指示，回应了广大职工群众的愿望要求，反映了各级工会特别是基层工会的关切，体现了工会十六大以来工会的理论创新、实践创新、制度创新成果，具有很强的指导性、针对性和可操作性，将对推进新时代工运事业和工会工作发挥重要作用。

（吕国泉）

3. 中国工会十六大以来工会工作的主要成绩是什么？

中国工会十六大以来，各级工会忠诚履职、积极作为，各项工作取得了显著成效。

一是切实加强对职工的思想政治引领，党执政的阶级基础和群众基础更加巩固。把团结引导职工听党话、跟党走作为重要政治责任，提升政治站位、加强理论武装，深化学习教育、层层培训宣讲，推动习近平新时代中国特色社会主义思想进工会院校、进基层一线、进工会干部和广大职工头脑。

二是大力弘扬劳模精神、劳动精神、工匠精神，工人阶级在实现中国梦中的主力军作用充分发挥。贯彻落实新发展理念，组织职工先后开展“当好主力军、建功‘十二五’”“践行新理念、建功‘十三五’”“当好主人翁、建功新时代”等主题劳动和技能竞赛，在“一带一路”建设、京津冀协同发展、长江经济带发展等国家重大战略中展示风采，在港珠澳大桥、“蛟龙”、神舟、高铁、大飞机等重大工程中攻坚克难，在打赢防范化解重大风险、精准脱贫、污染防治三大攻坚战中献计出力，在深化供给侧结构性改革、振兴实体经济、推动经济高质量发展中展现作为，在实施创新驱动发展战略中勇立潮头。

三是扎实推进产业工人队伍建设改革，工人阶级先进性不断增强。按照《新时期产业工人队伍建设改革方案》的部署，着眼构建产业工人技能形成体系，创新技能导向的激励机制，推动出台《关于提高技术工人待遇的意见》等政策文件；加强职工技能培训，实施农民工职业技能提升计划；重视满足产业工人的精神文化需求，推动建设一支有理想守信念、懂技术会创新、敢担当讲奉献的宏大的产业工人队伍。

四是深入开展维权服务工作，职工群众获得感、幸福感、安全感大幅提升。高举维护职工合法权益的旗帜，围绕职工最关心最直接最现实的利益问题开展工作。协助党委和政府做好供给侧结构性改革中职工转岗安置、劳动关系处置、再就业培训、创业带动就业等工作。积极参与涉及职工利益法律法规政策的制定修改，职工合法权益得到制度性保障。实现送温暖、金秋助学、阳光就业、职工医疗互助保障等服务职工工作常态化、长效化。

五是持续深化工会改革创新，工会组织吸引力凝聚力战斗力明显增强。全国总工会和上海、重庆市工会在改革试点中，紧紧围绕保持和增强政治性、先进性、群众性，先行先试、勇于创新，取得了阶段性成效，创造了一批可复制可推广的经验。各级工会结合实际主动对接、及时跟进，形成了上下联动、左右互动、整体推动的改革局面。

六是全面加强工会系统党的建设，风清气正的政治生态进一步形成。建立健全工会系统党建工作责任制、党风廉政建设责任制、意识形态工作责任制，切实履行“两个责任”，推动工会系统全面从严治党向纵深发展。

总之，中国工会十六大以来的五年，是工会工作和工会组织政治性、先进性、群众性进一步增强的五年，是维权服务工作不断推进的五年，是工会深化改革锐意进取的五年，是工会系统党的建设持续加强的五年，是工会在党和国家工作大局中作用有力彰显的五年。

（张妍延）

4. 五年来工会是如何深入学习宣传贯彻习近平新时代中国特色社会主义思想和党的十八大、十九大精神的？

各级工会把学习宣传贯彻习近平新时代中国特色社会主义思想和党的十八大、十九大精神作为首要政治任务，作为第一堂党课、第一堂政治必修课，紧紧围绕习近平新时代中国特色社会主义思想，在学懂弄通做实上下功夫，增强“四个意识”，坚定“四个自信”，坚决维护习近平总书记党中央的核心、全党的核心地位，坚决维护党中央权威和集中统一领导。

一是党的十八大、十九大召开后，全总第一时间下发学习通知，召开党组会议、机关党员干部大会、工会系统电视电话会议，举办全国工会专题培训班和机关干部研修班等进行传达学习，全总党组、书记处同志带头进行宣讲。

二是各级工会将学习宣传贯彻习近平新时代中国特色社会主义思想和党的十八大、十九大精神融入“中国梦·劳动美”

主题宣传教育活动中，组织宣讲团、报告会、文艺巡回演出，充分运用工会报刊、网站、“两微一端”、职工大讲堂、职工书屋，企业内部报刊等载体，以专栏、专版、专题、专稿、专访、视频直播等多种形式，形成学习宣传习近平新时代中国特色社会主义思想和党的十八大、十九大精神的强大声势。

三是加强对习近平总书记关于工人阶级和工会工作的重要论述、关于群团工作和群团改革重要指示精神的学习和研究。编写出版《新时代新使命新作为——深入学习贯彻习近平总书记关于工人阶级和工会工作的重要论述》《党的十九大精神职工学习问答》等书籍。大兴调查研究之风，持续开展深入广泛的调查研究活动，俯下身、沉下心、走基层，察实情、出实招、真办事。五年来，通过深入学习宣传贯彻，各级工会干部和广大职工自觉用习近平新时代中国特色社会主义思想武装头脑，对习近平总书记作为党的核心、军队统帅、人民领袖衷心拥护，对中华民族伟大复兴的光明前景充满信心。

（张妍延）

5. 五年来工会是怎样做好职工思想政治引领工作的?

各级工会按照党中央要求，把团结引导职工听党话、跟党走作为重要政治责任，花更大的精力、投入更多的资源加强职工思想政治工作，提升政治站位、加强理论武装，深化学习教育、层层培训宣讲，不断筑牢广大职工共同奋斗的思想基础。

一是在广大职工中深入开展主题宣传教育活动。以“中国梦・劳动美”为主题，结合迎接党的十九大、纪念抗战胜利 70 周年、建党 95 周年、长征胜利 80 周年、建军 90 周年、改革开放40周年，深入开展“永远跟党走”“喜迎党的十九大”“砥砺奋进的五年”“圆梦中国人”“学习宣传贯彻习近平新时代中国特色社会主义思想和党的十九大精神”等一系列形式多样、有声有色的宣传教育活动，每次都吸引上亿职工参与。

二是注重发挥先进人物示范引领作用。通过劳模的培养、评选和表彰，引领职工群众立足本职岗位争创一流、争创先进。在职工中进行爱岗敬业、甘于奉献的职业精神教育，引导和培育健康文明、昂扬向上的职工文化。采取职工投票等方式，评选全国职工职业道德建设标兵单位和个人、寻找“最美职工”，通过职工大讲堂、劳模工匠宣讲团等，吸引职工广泛参与，用职工身边的人和事教育职工，提高了感染力影响力。

三是采取多种形式、多种载体、多种渠道，有针对性地开展职工思想政治工作。加强形势政策教育，把思想政治工作做深做细做实、做到职工身边。每年开展全国职工队伍思想状况调研，研究和把握职工思想政治工作的特点和规律。因地制宜开展特色活动，提高职工思想政治工作的针对性和实效性，推动习近平新时代中国特色社会主义思想和党的十八大、十九大精神入脑入心入行。

（徐世鼎）

6. 五年来工会是如何组织动员广大职工开展劳动和技能竞赛的？

各级工会紧紧围绕统筹推进“五位一体”总体布局和协调推进“四个全面”战略布局，围绕国家和区域发展战略，把开展劳动竞赛作为调动职工积极性、主动性、创造性的重要抓手，以提升职工技能素质、推动企业技术创新为重点，面向基层、面向一线职工、面向普通劳动者，注重引领示范，注重创新发展，注重机制建设，完善劳动竞赛组织、评估、表彰等机制，引导广大职工发挥工人阶级主力军作用，为推进中国特色社会主义伟大事业作出了重要贡献。

各级工会贯彻落实全国总工会制定的劳动和技能竞赛规划，围绕“一带一路”建设、京津冀协同发展、长江经济带发展等国家战略开展劳动和技能竞赛，在金沙江水电开发、港珠澳大桥等国家重点工程建设中开展劳动和技能竞赛，在上海浦东新区、天津滨海新区等8个国家级新区开展促进区域发展示范性劳动和技能竞赛，开展多种形式的职工技术创新、职工节能减排活动、“安康杯”竞赛和以创建“工人先锋号”为载体的班组竞赛活动。工会主办了第四届、第五届、第六届全国职工职业技能大赛，参与主办3届全国数控技能大赛、全国智能制造应用技术技能大赛、第二届全国工业机器人技术应用技能大赛，推动和指导京津冀技能大赛。五年来，基层以上工会开展的技能比赛共吸引1.41亿人次职工参赛，全国基层企事业工会开展劳动和技能竞赛的有488.1万家，参加竞赛的职工有5.2亿人次。

五年来，各级工会劳动竞赛工作从理论和实践上不断创新发展，围绕中心、服务大局更加自觉，逐渐发展成为由企业到行业、区域，直至全国产业系统的大规模的劳动和技能竞赛，有力地促进了国家和地方重大发展战略的推进。主题更加突出，竞赛主题从“当好主力军、建功‘十二五’”到“践行新理念、建功‘十三五’”，到“当好主人翁、建功新时代”，做到“公转”与“自转”的有机结合。竞赛成果更加重视职工受益，从企业增产的劳动竞赛转变为提高职工技术等级的劳动和技能竞赛，在推动企业发展的同时，注重提升职工自身素质、推动职工参与分享企业发展成果，实现企业发展和职工利益保障的有机统一。

（徐世鼎）

7. 五年来工会是如何开展群众性技术创新活动的？

各级工会发扬工会组织的优势和传统，在不同层级、不同地区、不同行业、不同岗位，探索创新建功立业载体平台和方式方法，组织开展技术革新、技术协作、发明创造、合理化建议、网上练兵，积极开展“小发明、小创造、小革新、小设计、小建议”活动等群众性经济技术创新活动，引导广大职工在打赢防范化解重大风险、精准脱贫、污染防治三大攻坚战中献计出力，在深化供给侧结构性改革、振兴实体经济、推动经济高质量发展中积极作为，在实施创新驱动发展战略中勇立潮头。全国职工提出合理化建议 6224.6 万件，已实施合理化建议 3634.2 万件，技术革新项目 349.0 万项，发明创造项目 111.7 万项，推广先进操作法的项目有 99.1 万项。

各级工会开展职工创新成果评选、展示、交流活动，职工创新成果管理能力培训，设立职工创新补助资金，建设全国职工技术创新优秀成果网上展馆，与有关部委联合举办第四届全国职工优秀技术创新成果评选表彰活动，举办创业创新国际博览会，充分鼓励激发亿万职工创新才智和创造潜能。五年来，职工技术创新成果获得国家专利项目 70.6 万件，荣获国家级奖项 144 项，省部级奖项 6343 项。由全国总工会推荐的一线技术工人的技术创新成果，7 项荣获国家科技进步奖；3 名技术工人获得首届全国创新争先奖状；1 项职工发明专利获中国专利奖金奖。

各级工会着力推动设立职工创新补助资金，支持职工技术创新项目 90 个；深化劳模和工匠人才创新工作室创建工作，发挥劳模创新工作室、“首席技师”、“首席员工”示范作用，已创建各类创新工作室 7.2 万家，其中全国示范性创新工作室 197 家、省级创新工作室 3988 家，为劳模和工匠人才传播劳动技能、创新方法、管理经验搭建平台。企业工会广泛开展“工人先锋号”创建活动，推进创新班组、创新团队建设，依靠职工促进企业提高自主创新能力，五年来，共授予全国工人先锋号 5013 个。加强各级职工技协组织建设，广泛开展技术交流、技术服务和技术应用等，召开中国职工技术协会第七次会员代表大会，推动职工技协更好发挥作用。

（徐世鼎）

8. 五年来工会在大力弘扬劳模精神、劳动精神、工匠精神方面有哪些作为?

各级工会认真抓好劳模服务和管理工作，通过劳模的培养、评选和表彰，引领职工群众立足本职岗位争创一流、争创先进。在劳模选树、评选表彰工作中，严格履行规定程序、严把人选审查推荐关，确保推荐人选质量，顺利完成 2015 年党中央、国务院表彰的 2968 名全国劳动模范和先进工作者推荐工作。五年来，全国总工会共授予全国五一劳动奖状 1428 个、全国五一劳动奖章 5044 个。充分利用主流媒体和移动互联网全媒体，结合劳模评选，遴选重点宣传典型劳模，讲好劳模故事和工匠故事，营造劳动光荣的社会风尚和精益求精的敬业风气。总结推广劳模示范岗、劳模大讲堂、劳模志愿服务队等经验，特别是加大研究工匠精神、弘扬工匠精神工作力度，在《人民日报》《工人日报》推出专版专栏持续宣传阐释工匠精神，与中央电视台合作推出6季《大国工匠》和8集《大国工匠》专题片，宣传大国工匠48名；与国家互联网信息办公室联合开展“中国梦·大国工匠篇”大型主题宣传活动，争当工匠人才成为广大产业工人的价值追求，向全社会传递了尊重劳动、尊重创造的正能量，成为五年来工会工作创新的一大亮点。联合教育部开展“大国工匠进校园”活动，举办了13场示范性活动，组织大国工匠与职校师生面对面交流，并将活动向省市延伸。组织开展“身边的大国工匠”推荐学习活动，各地累计推荐身边大国工匠万余名，形成了学习大国工匠、争当大国工匠的浓厚氛围。30个省级工会开展工匠人才培养选树工作，选树“上海工匠”“三秦工匠”等省级工匠人才2012名，一些地市级工会也开展了工匠评选表彰工作。对工匠的激励保障政策措施不断健全完善，各地除了给予精神奖励、物质奖励外，有的地方出台工匠人才享受部级劳模待遇的政策，在企业职工转正、城市落户等方面给予优先考虑。落实劳模各项政策待遇，创新劳模休养方式，把党中央对劳模的关心关爱有效传递给广大劳模，共组织29349名劳模参加疗休养活动，发放全国劳模专项补助资金13.386亿元。

（徐世鼎）

9. 五年来工会是如何提升职工技术技能素质的？

各级工会围绕深入实施科教兴国、人才强国和创新驱动发展战略，把建设知识型、技能型、创新型劳动者大军作为重大战略任务，积极为广大职工学技能、练本领、促创新搭建平台，促进职工队伍规模不断扩大、结构逐步优化、素质全面提升，为支撑中国制造、中国创造，推动经济高质量发展提供人力保证和智力支持。

一是健全完善提升职工技术技能素质的制度机制。由全国总工会牵头，会同国家发展和改革委员会、教育部、工业和信息化部、人力资源和社会保障部等部门，研究起草的《新时期产业工人队伍建设改革方案》（以下简称《改革方案》），提出“构建产业工人技能形成体系”，着力提升产业工人的技能素质。这是中央文件第一次使用“技能形成体系”概念，用以改革完善职业教育和职业培训等相关制度体系，重新建构有利于产业工人技能素质提升的体制环境，是《改革方案》的一个理论创新和制度创新，体现了党和国家对推进产业工人队伍建设改革的重视和决心。全国总工会积极参与制定并推动国务院出台的《关于推行终身职业技能培训制度的意见》是贯彻落实《改革方案》的配套措施，对推进劳动者终身职业技能培训制度建设作出总体部署。制定下发《关于充分发挥工会在建设知识型、技术型、创新型技术工人队伍中作用的意见》，开展职工技术技能状况调查。全国总工会设立职工创新补助资金，支持职工技术创新项目，2015 年以来投入资金 1555 万元，补助一线职工创新项目 90 个。

二是广泛开展技能培训和技能竞赛活动，不断提高技术工人技能水平。改进产业工人技能评价方式，统筹发展好职业院校教育和职业培训，推动产教融合协同育人工作向更大范围拓展。依托企业建设一批产业工人技能实训基地，引导企业加大在岗培训力度。五年来，各级工会组织举办技术培训班 38. 2 万场次，培训职工 3463. 8 万人次，其中 444. 3 万人次提升了技术等级。全国选树技能带头人 271. 1 万人，师徒结对 345. 8 万对，传承劳动技能。全国总工会联合人力资源和社会保障部等主办第四、五、六届全国职工职业技能大赛，配合人社部主办了三届全国数控技能大赛和首届全国智能制造应用技术技能大赛，配合工业和信息化部主办了第二届全国工业机器人技术应用技能大赛。五年来，581.3 万人次的职工通过基层以上工会开展的技能比赛提升技术等级。开展农民工“求学圆梦行动”，已有40.6 万名农民工提升学历水平。

三是深入开展职工技术创新活动，努力提升技术工人创新能力。全国总工会及各省级工会、各全国产业工会积极开展创新成果评选展示等活动，引导和鼓励职工积极参加小革新、小发明、小改造、小设计、小建议等“五小”活动。

（李　蕾）

10. 五年来工会是如何在广大职工中培育和践行社会主义核心价值观的?

坚持社会主义核心价值体系是新时代坚持和发展中国特色社会主义的基本方略之一，培育和践行社会主义核心价值观是为民族铸魂的基础性工程。五年来，各级工会发挥联系职工紧密的优势，采取多种措施，把社会主义核心价值观融入广大职工的政治立场、价值追求、职业操守、精神境界等各个方面，转化为职工群众的情感认同和行为习惯。

一是强化职工思想政治工作，号准职工群众的思想脉搏。在掌握职工思想变化情况基础上，研究制定《加强和改进产业工人思想政治工作的意见》《关于在广大职工中培育和践行社会主义核心价值观的实施意见》。针对经济新常态、供给侧结构性改革给职工生产生活造成的影响，各级工会创新思想政治工作方式方法，持续开展形势政策宣讲活动，充分发挥新媒体、互联网的作用，加强对职工特别是青年职工的人文关怀和心理疏导，推动思想政治工作融入日常、做到经常。

二是以职工职业道德建设为重点，带动职工社会公德、家庭美德和个人品德建设。加强职工职业道德教育，积极选树职工职业道德建设标兵、最美职工等道德标杆，引导广大职工培育刻苦钻研、精益求精、追求卓越、创造一流的职业素养，树立依靠辛勤劳动、诚实劳动实现美好生活的高尚品格。广泛开展以相互关爱、服务社会为主题的形式多样的职工志愿服务活动，全国注册职工志愿者620余万名，职工志愿服务团体超过1000个。深入推进家庭文明建设，开展“培育好家风——女职工在行动”主题实践活动，充分发挥女职工在家庭文明建设中的独特作用。

三是加大职工普法教育力度，引导职工尊法、学法、守法、用法。推进实施“六五”“七五”普法规划，利用国家宪法日和法律宣传月、宣传周、纪念日等活动和形式，广泛开展法治讲座、法律咨询、法律知识竞赛等职工法律普及活动。运用新媒体新技术打造工会系统普法宣传网络载体，建设全方位全天候工会普法和法律服务网。全国总工会联合有关部门组织实施“尊法守法·携手筑梦”服务农民工法治宣传和公益法律服务行动，现场法治宣传服务农民工31.6万人次，新媒体法治宣传服务484.9万人次，提供法律援助服务83.9万人次。

四是着力繁荣和发展先进职工文化，进一步丰富职工精神文化生活。全国总工会连续5年与中央电视台联合举办“中国梦·劳动美”庆祝“五一”国际劳动节心连心特别节目，集中展示工人阶级风采，被誉为“劳动者的春晚”，累计收看人次超过7亿。各级工会组织开展丰富多彩的职工文化体育活动，以“心连心、走基层”的形式，组织作家、艺术家深入职工群众，到生产一线开展创作采风、慰问演出。加强职工文化阵地建设，做大做强职工书屋品牌，通过全国上万家职工书屋示范点、10余万家职工书屋，辐射职工6000万人。

（李　蕾）

11. 工会是如何推进产业工人队伍建设改革的？

2017年4月14日，党中央、国务院印发《新时期产业工人队伍建设改革方案》（以下简称《改革方案》），在党和国家历史上首次就推进产业工人队伍建设改革专门进行谋划和部署。各级工会会同有关部门抓好《改革方案》落实，推动产业工人队伍不断壮大、整体素质明显提高，保障产业工人地位的制度更加健全，切实维护产业工人合法权益，努力造就一支有理想守信念、懂技术会创新、敢担当讲奉献的宏大的产业工人队伍。

一是把握正确方向。根据中央要求，全国总工会牵头，会同国家发展和改革委员会、教育部、工业和信息化部、人力资源和社会保障部等部门，研究起草《改革方案》，坚持用习近平新时代中国特色社会主义思想特别是习近平总书记关于工人阶级和工会工作的重要论述武装头脑，在广泛调研论证的基础上，提出了改革的目标任务和5个方面25条改革举措。

二是强化组织领导。成立推进产业工人队伍建设改革协调小组，全国总工会根据分工认真履行牵头抓总职责，会同有关部门一道做好《改革方案》的宏观指导、政策协调、组织推进和督促检查工作。及时调整充实协调小组成员单位，研究贯彻落实《改革方案》的工作方案和年度工作安排，逐项细化时间表、路线图，组成调研督查组分赴各地督促落实。各省（区、市）工会积极推动党委、政府制定出台贯彻落实《改革方案》的实施方案或意见，一些省（区、市）成立了由党委领导同志任组长的协调小组，加大推进实施力度，形成强大合力。

三是强化协作配合。全国总工会与协调小组各成员单位打破部门界限，制定出台一批涉及产业工人队伍建设改革重大问题的政策意见。比如，全国总工会与人力资源和社会保障部研究起草，以中办、国办名义印发《关于提高技术工人待遇的意见》，以国务院名义印发《关于推行终身职业技能培训制度的意见》；中央组织部重视提升产业工人政治地位、强化产业工人思想引领，加大在产业工人中发展党员力度；国家发改委助推产业工人成长成才、提升产业工人待遇，将技能人才激励计划作为城乡居民增收的重要组成部分；推动教育部强化职业教育和培训，参与《职业教育法》的修订，出台职业教育政策；工业和信息化部充分发挥“互联网＋”的助力作用，成立产业工人“网络学习平台”专项工作小组；财政部提供财力保障，落实中央财政专项资金支持现代职业教育提升计划，促进建立社会多元投入机制。

四是营造良好氛围。《改革方案》出台后，各级工会迅即全方位、多渠道同步开展宣传工作，在《人民日报》《工人日报》《求是》杂志等报刊上密集推出答记者问、评论员文章、署名文章，出版详细解读图书，在主流媒体和新兴媒体开设专题专栏，广泛宣传党中央推进产业工人队伍建设改革的决策部署，引导全社会关心支持和参与产业工人队伍建设改革，掀起了学习宣传贯彻热潮。

（李　蕾）

12. 五年来工会是如何推动涉及职工权益的立法和政策制定的?

各级工会认真贯彻落实党中央关于全面依法治国的决策部署，坚持运用法治思维和法治方式协调劳动关系，推动制定出台一大批涉及职工权益的法律法规和政策，为维护职工权益提供了有力的法律保障。

一是深入开展调查研究。围绕劳动就业、收入分配、社会保障、集体协商、企业民主管理等立法重点，通过开展专题调研和参与立法机关联合调研等方式，广泛了解职工诉求。围绕《劳动合同法》争议焦点问题，开展劳动关系问题专题调研。在参与制定《劳务派遣暂行规定》等重大法律草案过程中，面向各级工会和职工公开征求意见。全国总工会依托法律顾问委员会定期就涉及职工利益的重大立法课题进行研究论证，并委托重点院校开展劳动立法专题研究，夯实工会参与立法工作的理论基础。

二是拓展立法和政策参与渠道。全国总工会通过向中央报送调研情况及立法意见建议、提交全国“两会”提案议案、向立法机关提交专项报告等形式，反映职工意愿及工会主张，积极推进相关立法项目的启动及制定进程。同时，通过劳动关系三方机制、国务院就业工作部际联席会议、深化收入分配制度改革部际联席会议等平台，参与收入分配制度改革、医药卫生体制改革、养老保险顶层设计等重大政策的研究制定工作。各地工会推动建立健全定期向党委汇报工作和工会与政府（行政）联席会议制度，积极参与地方立法和政策制定。

三是突出立法和政策参与重点。五年来，全国总工会先后参与了《民法总则》等百余项涉及职工权益的法律法规规章以及政策的制定与修改工作，提出的许多意见建议都被采纳。在加强劳动就业方面，先后参与制定《国务院关于进一步做好新形势下就业创业工作的意见》《关于在化解钢铁煤炭行业过剩产能实现脱困发展过程中做好职工安置工作的意见》等文件。在深化收入分配制度改革方面，起草职工收入情况报告及政策建议，参与《国务院办公厅关于全面治理拖欠农民工工资问题的意见》及其配套措施的制定工作。在维护职工社会保障权益方面，先后参与《工伤保险条例》《失业保险条例》《企业年金办法》《住房公积金管理条例》《关于进一步做好建筑业工伤保险工作的意见》等法规政策的制定和修改。在促进职工劳动安全和职业健康方面，先后参与《中共中央、国务院关于推进安全生产领域改革发展的意见》《安全生产法》《矿山安全法》《职业病防治法》《国家职业病防治规划（2016—2020年)》等法律法规政策的制定和修改。在推动困难职工帮扶方面，先后参与制定《慈善法》《社会救助暂行办法》，与民政部联合下发《关于加强工会组织与民政部门困难职工家庭数据比对和信息共享工作的通知》。

四是加大地方立法参与力度。五年来，全国各级地方工会参与制定地方性法规、规章1042个，地方规范性文件2616个。全国各省（区、市）颁布了35部企业民主管理方面的地方性法规，30个省（区、市）人大或政府出台了41部集体协商地方性法规或政府规章，15个省（区、市）颁布了工资集体协商条例或政府规章，6个省出台了工会劳动法律监督专项地方性法规。

（李　蕾）

13. 五年来工会是如何推进厂务公开民主管理的？

各级工会按照“稳步推进、巩固提高、深化创新、持续发展”的总体要求，切实推动企业民主管理工作建制扩面、提质增效。

一是扩大民主管理工作覆盖面。制定《中华全国总工会关于深入推进非公有制企业民主管理工作的意见》，指导各地推进非公有制企业民主管理工作。推行区域（行业）职代会制度，不断扩大民主管理制度对小微企业的有效覆盖。指导各地开展创建厂务公开民主管理示范单位活动，支持大型国有企业探索建立集团职代会，总结和推广了以宝武钢铁集团公司、浙江传化集团有限公司、中国中铁集团等为代表的一大批全国企业民主管理先进典型，提升了各类企事业单位民主管理工作水平。

二是加强厂务公开民主管理制度建设。通过制定工作规范、制度标准和操作规程等，推动职代会、厂务公开、职工董事、职工监事制度标准化程序化运行。落实职代会职权，规范职工代表的产生、罢免、履职等程序；建立健全职工代表民主评议职代会机制。制定《中华全国总工会关于加强公司制企业职工董事制度、职工监事制度建设的意见》，推动职工董事、职工监事制度的规范运作，职工代表有序参与公司治理，建立完善中国特色现代企业制度。积极推动将企业民主管理纳入党政目标考核体系、党风廉政责任制和劳动关系信用信息管理系统，充分发挥企业民主管理在推进供给侧结构性改革特别是化解过剩产能中的重要作用。

三是丰富厂务公开民主管理内容。在企事业单位生产经营管理的重大事项方面，推动企业将涉及转型升级、改革发展等重大决策方案向职工公开；在涉及职工切身利益的重要事项方面，坚持劳动规章制度草案、职工带薪休假方案、使用被派遣劳动者的辅助性岗位等提交职代会讨论审议，向职工公开；在经营管理人员廉洁从业相关情况方面，推动企业领导人员收入分配方案、职务消费和薪酬分配情况、职工代表民主评议企业领导人员的结果等向职代会报告，向职工公开。通过进一步丰富内容，推动厂务公开民主管理工作向企业经营管理的重大问题延伸、向职工关心的热点难点问题延伸、向反腐倡廉和党风建设的重点领域延伸、向企业文化建设的重要环节延伸，逐步与企业党风建设、领导班子建设、职工队伍建设、企业文化建设等结合起来，维护职工合法权益和劳动关系稳定，推动企业又好又快发展。截至2017年9月底，全国建立职代会或职工大会制度的基层企事业工会有225.2万个，覆盖职工2.5亿人；实行厂务公开的基层企事业工会有220.0万个，覆盖职工2.4亿人。

（王博韬）

14. 五年来工会是如何推动集体协商制度提质增效的？

各级工会围绕“提质增效”这一主线，深入完善集体协商制度，持续丰富协商内容，不断增强协商针对性，努力提高职工满意度。

一是大力开展集体协商要约行动。通过举行启动仪式、召开动员会等形式，每年定期组织开展集中要约行动。创造条件鼓励基层工会依据企业（行业、区域）实际，向企业或企业代表组织提出更具针对性的协商要约。针对重点行业、重点区域以及国有企业、世界500强在华企业中未建制企业集中开展专项要约。截至 2018 年 6 月，全国共签订集体合同 159.3 万份，覆盖企业 402.1 万个，覆盖职工 1.9 亿人。

二是突出抓好行业集体协商。把开展行业集体协商作为深化集体协商工作的重点和主攻方向。把行业最低工资标准、加班工资基数、工资调整幅度、劳动定额标准、工资支付办法等行业内职工普遍关心的问题，作为行业集体协商的核心内容，并逐步向劳动安全卫生条件、女职工特殊权益保护、职业技能培训、职工参与企业二次分配等方面延伸。在推进建筑、采矿、餐饮服务等劳动密集型企业相对集中的行业开展集体协商的基础上，把行业集体协商领域逐步向新兴产业、知识密集型产业及实行企业化管理的事业单位延伸。

三是切实提高企业集体协商质量。建立了集体协商工作评价体系，对集体协商程序和内容进行细化量化。职工福利费、教育经费使用、职工劳动保护标准、高技能人才待遇、职工带薪休假等内容都成为了协商的重要内容。子女暑期托管、食堂餐补标准等关系职工最直接、最切实利益的合同条款也写入集体合同。同时，助推企业发展的职工技能提升、人才队伍建设等企业行政方关心的内容也被纳入协商范围。

四是加强集体合同履约监督。建立健全集体合同数据库，实行实名制、动态化管理，及时掌握集体合同签订、履行情况并进行跟踪核实。通过成立集体合同履约监督小组、开展职工代表巡视检查、集体协商指导员调查走访、向职代会报告集体合同履约情况等形式，确保广大职工能够参与对集体合同履行情况的监督检查。目前，20 个省（区、市）将集体协商工作纳入地方党政目标考核体系，31 个省级协调劳动关系三方开展“联合行动”推进集体协商工作，集中要约、督促检查、考核评价、工作台账等制度已基本健全。

五是强化集体协商人才队伍建设。加强专兼职集体协商指导员队伍建设，分级配齐符合聘任条件的专职集体协商指导员，加强对集体协商指导员的管理调配使用。目前，省、市、县三级集体协商指导员体系已经基本建成，截至 2017 年 9 月，全国专兼职指导员达到 4.7 万人，其中专职 7304 人。

（王博韬）

15. 五年来工会是如何推动协调劳动关系三方机制发挥作用的？

各级工会积极推动完善政府、工会、企业共同参与的协商协调机制建设，切实发挥维护职工合法权益作用。

一是积极推动形成多层次、多形式的劳动关系三方机制体系。巩固和完善省（区、市）三方机制建设，大力推进地市、县三方机制建设，积极稳妥发展街道（乡镇）、社区和工业园区三方机制。截至 2017 年 9 月底，全国共有各级三方机制 22185 个，其中省级 32 个，地市级 364 个，县级 2564 个，街道（乡镇）、村（社区）、工业园区三方机制 15282 个。

二是参与制定中共中央、国务院《关于构建和谐劳动关系的意见》及其实施方案。积极推动各地制定出台具体的实施意见，推动健全政府和工会联席会议制度，20 个省（区、市）成立了由同级政府领导担任主任的协调劳动关系三方委员会。针对经济形势变化带来的影响，积极稳妥做好化解过剩产能职工安置中的劳动关系处理工作，逐步建立工会劳动关系发展态势监测和分析研判机制，推动国家协调劳动关系三方对劳动关系发展态势开展定期研判。

三是坚持把和谐劳动关系创建活动作为构建和谐劳动关系

的重要载体和有力抓手。推动国家协调劳动关系三方开展全国模范劳动关系和谐企业和工业园区表彰，充分展示党的十八大以来构建中国特色和谐劳动关系取得的新成就，更好发挥先进典型的示范引领作用，推动完善协商共谋、机制共建、效益共创、利益共享的协商协调机制，充分发挥三方组织共同研究解决有关劳动关系重大问题的重要作用。

四是完善机制职能，健全工作制度，积极推动协调劳动关系三方机制发挥作用。31个省级协调劳动关系三方开展“联合行动”推进集体协商工作，建立健全集中要约、督促检查、考核评价、工作台账等制度。

（张倩颖）

16. 五年来工会是如何维护职工劳动就业权益的?

各级工会牢固树立就业是民生之本的理念，在党和政府就业优先战略和积极就业政策指引下，不断加强职工就业创业工作，推进工会就业服务工作创新发展，帮助职工实现更高质量、更充分就业。

一是加大源头参与力度，推动涉及职工劳动就业权益的立法和政策制定。作为国务院就业工作部际联席会议等机构成员，全国总工会积极参与完善落实积极的就业政策，参与涉及职工利益法律法规的制定修改，参与化解过剩产能、深化国有企业改革、新就业形态等相关政策的研究制定，先后参与《国务院关于进一步做好新形势下就业创业工作的意见》《关于在化解钢铁煤炭行业过剩产能实现脱困发展过程中做好职工安置工作的意见》等文件制定，并对政策实施开展跟踪调研，多途径多渠道反映职工利益诉求。贯彻落实《关于构建和谐劳动关系的意见》，完善就业形势和劳动关系发展态势监测和分析研判制度，劳动关系矛盾风险的预测、预警和预防收到较好效果。

二是扎实推进工会就业创业服务工作创新发展，推动实现职工高质量就业。制定《“十二五”工会促进就业工作的指导意见》。督促落实劳动合同制度，推动劳动用工规范管理。深入实施全国工会就业创业服务月、技能培训促就业、阳光就业等活动。组织指导相关省（市）工会加强合作，建立就业工作联系机制，完善京津冀蒙工会跨区域劳务协作，建立东北地区与东部地区对口就业合作机制。指导地方工会与人力资源服务机构开展联合招聘行动，鼓励各地工会开展“互联网+”工会就业服务模式探索，扩大工会就业服务覆盖范围、提高就业服务效率。五年来，各级工会累计组织各类招聘5万余场次，提供技能培训、职业介绍、政策宣传、创业扶持等就业服务达3200万人次，其中就业技能培训超过1000万人次，通过创业扶持带动66万余人就业。

三是切实维护女职工、农民工等群体的就业权益。在“工会就业创业援助月”活动中设立家政服务招聘专场、举办月嫂职业资格培训班等，加大对下岗女职工就业援助和职业技能培训力度。健全工会农民工维权服务体系，开展技能培训促就业行动、春风行动、农民工返乡创业行动等，提升农民工职业技能。五年来，各级工会在技能培训促就业活动中培训农民工464.42万人次，成功介绍258.18万人就业。

（张倩颖）

17. 五年来工会是如何维护职工收入分配权益的?

各级工会积极参与深化收入分配制度改革及政策研究制定，

推动最低工资标准调整，健全完善科学合理的工资决定机制、正常增长机制和支付保障机制，配合政府治理工资拖欠，推动收入分配更合理、更有序。

一是加强源头参与，通过劳动关系三方机制、深化收入分配制度改革部际联席会议、全国人大财经委等平台，加强对职工收入情况的分析研究并提出建议，制定下发《中华全国总工会关于工会积极参与深化收入分配制度改革工作的指导意见》，从源头上推动落实职工收入分配权益。

二是推动建立完善工资正常增长机制、工资分配宏观指导制度，促进收入分配格局合理有序。推动企业建立完善以劳动技能、劳动强度、劳动条件、劳动成果等多重因素为依据的分配制度，在收入分配中提高劳动要素所占比重。

三是积极参与最低工资标准调整和实施的监督，促进低收入劳动者工资增长。“十二五”期间，各地最低工资标准调整幅度基本达到了“十二五”规划纲要提出的年均增长 13% 的目标。全国城镇非私营单位就业人员年平均工资由 2013 年的 51474 元增长至 2017 年的 74318 元，城镇私营单位就业人员年平均工资由 2013 年的 32706 元增长至 2017 年的 45761 元，分别增长约 44% 和 40% 。

四是深化工资集体协商工作，增强行业和区域集体协商内容的针对性，明确最低工资标准、工资调整幅度、劳动定额标准、工资支付办法等职工普遍关心的内容。加强劳动定额、工时工价等标准的研究和制定，使行业和区域集体协商内容更具操作性。截至 2018 年 6 月，全国共签订集体合同 159. 3 万份，覆盖企业 402. 1 万家，覆盖职工 1. 9 亿人。

五是推进完善工资支付保障制度。全国总工会积极参与《国务院办公厅关于全面治理拖欠农民工工资问题的意见》及其配套措施的制定工作，推动健全完善欠薪报告制度，加大法律宣传、法律援助力度，配合有关部门加强对拖欠工资问题的全面治理，开展农民工工资情况专项检查，有效维护了广大职工特别是农民工的劳动经济权益。

（郝 帅）

18. 五年来工会是如何维护职工社会保障权益的?

各级工会围绕推动建立更加公平可持续的社会保障制度，主动参与国家社会保障法律法规政策制定和制度建设，推动国家社保法律法规政策的落实，积极开展职工互助保障活动，切实维护职工社会保障权益。

一是以推进社会保险制度改革为重点，积极主动参与社会保障政策法规的制定和修改，推动建立多层次社会保障体系，促进职工社会保障权益落实。加强源头参与，先后参与《工伤保险条例》《失业保险条例》《企业年金办法》《住房公积金管理条例》《关于进一步做好建筑业工伤保险工作的意见》等一系列政策法规的制定和修改。

二是积极参与推进供给侧结构性改革过程中涉及职工社会保障和住房公积金等政策的研究制定，重点就降低企业社保负担和化解产能过剩过程中职工社会保障权益维护问题提出工会建议。

三是全程参与养老保险制度设计，充分表达职工诉求，提出工会意见，参与深化医药卫生体制改革工作，以职工大病医疗、门诊统筹等为重点，推进职工基本医疗保险制度逐步完善。

四是发挥工会互助保障重要补充作用，积极开展职工医疗（大病）互助活动，实现与国家社会保障体系有效衔接，缓解职工大病医疗负担。截至 2017 年 9 月底，全国参加基层以上工会开展的职工医疗互助活动人数 6303.9 万人，其中有 515.6 万人在 2017 年度享受经济资助，资助金额为 30.9 亿元。

五是依法开展社会监督，及时掌握企业用工、参保等情况，协助政府加大劳动监察执法力度，加强社会保险政策法规宣传，督促企业、职工依法参加基本养老、基本医疗、工伤、失业、生育保险，有力促进了社会保障政策法规的贯彻落实。

（郝　帅）

19. 五年来工会是如何促进职工安全生产和职业健康的？

各级工会广泛开展“安康杯”竞赛活动，积极推动企业安全生产主体责任和企业全员安全生产责任制落实，切实维护职工安全健康权益。

一是加强调查研究和源头参与。先后参与《中共中央、国务院关于推进安全生产领域改革发展的意见》《安全生产法》《矿山安全法》《职业病防治法》《国家职业病防治规划（2016—2020年）》等法律法规的制定修订，充分表达职工利益诉求。

二是深入开展以“安康杯”竞赛为载体的群众性安全生产和职业健康活动，开展隐患排查、班组安全建设、安全生产合理化建议、安全管理优秀成果展示、安全知识普及、安全技能培训和安全文化建设等活动，切实提高劳动保护成效。“安康杯”竞赛活动开展 20 年来，从最初的几千家企业、几百万职工，已发展到目前参赛企业达 62.5 万家，参赛职工达 1.2 亿人次。

三是切实发挥工会监督检查作用。加强工会劳动保护监督检查员队伍建设，截至 2018 年 6 月底，各地区基层以上工会劳动保护监督检查员达 20.1 万名，各企事业单位设立劳动保护监督检查委员会 116.0 万个，工会小组劳动保护检查员 227.6 万名。配合做好全国“安全生产月”“安全生产万里行”《安全生产法》《职业病防治法》宣传周等主题活动，广泛开展形式多样的安全生产宣传教育活动。积极参加国家安全生产和职业病防治工作年度巡查、督查、考核工作，参加特别重大生产安全事故调查处理工作 13 起。五年来，各级工会参加安全生产检查 3292.4 万次，提出事故隐患和职业危害整改意见 1482.6 万条，参加职工伤亡处理 73.8 万件。积极推动企业建立重大隐患治理情况向负有安全生产监督管理职责的部门和企业职代会“双报告”制度，监督企业落实职工的知情权、参与权、表达权和监督权。

四是大力推广应用工会参与职业病防治工作模式。推动建立健全职业病防治联席会议制度、应用职业安全卫生检查表、组建“联合职业安全卫生委员会”和推广职业病防治专项集体合同，开展职业安全卫生防护工具包项目试点推广。截至 2017 年 9 月，全国 29 个省份建立了省级职业病防治工作部门联席会议制度。高危行业劳动安全卫生专项集体合同覆盖范围不断扩大，合同质量逐步提升。

（郝　帅）

20. 五年来工会困难职工帮扶工作有哪些新举措？

各级工会把广大职工对美好生活的向往作为奋斗目标，积极参与社会救助、社会福利政策制度设计，抓好抓实困难职工解困脱困工作，组织实施送温暖、金秋助学、农民工平安返乡等品牌活动，困难职工帮扶工作取得了显著成效。

一是强化制度保障。先后参加《慈善法》《社会救助暂行办法》等有关社会救助、社会福利、社会公共服务方面的政策制度研究制定修订。加强困难职工帮扶与社会救助体系衔接，推动将符合条件的困难职工纳入政府救助覆盖范围。围绕国家脱贫攻坚战略，推动31个省级工会制定了城市困难职工解困脱困的实施意见。以精准帮扶为重点，全面掌握困难职工群体规模、分布、就业、收入、致困原因等情况，采取“四个一批”措施开展分类帮扶，做到底数精准、原因精准、措施精准、解困脱困精准。工会建档立卡的困难职工由2013年6月的489万户下降到2018年1月的247万户。

二是加强帮扶工作信息化建设。与民政部共同下发《关于加强工会组织与民政部门困难职工家庭数据比对和信息共享工作的通知》，实现困难职工数据与社会救助信息、居民家庭经济核对平台的数据共享。建设全国工会帮扶工作网上平台，通过云计算、大数据处理、移动互联网等新技术，为困难职工家庭提供更加精准的服务。

三是拓展工会帮扶中心功能。与政府有关部门建立协同机制，政策帮扶、制度保障和社会资源服务相结合，将帮扶中心转变成惠及更多职工的枢纽型服务平台，推动改善职工群众特别是困难职工、农民工生活条件。五年来，全国工会困难职工帮扶（职工服务）中心筹集帮扶资金200.22亿元，帮扶困难职工3620.27万人次。

四是送温暖、金秋助学、平安返乡等工会帮扶工作品牌创新发展，实现送温暖日常化、经常化、常态化。五年来，全国工会共筹集送温暖资金202.2亿元，走访慰问企业103.41万家、走访职工家庭4152.9万户；共筹集金秋助学资金56.79亿元，发放助学款54.81亿元，资助困难职工和困难农民工子女286.92万人。

（郝　帅）

21. 五年来工会服务农民工工作取得哪些新进展?

各级工会不断扩大服务农民工的覆盖面，多渠道促进农民工就业创业，依法维护农民工劳动保障权益，切实提升为农民工服务的质量，扎实做好困难农民工的解困脱困工作，引导农民工服从服务于改革发展大局，工会服务农民工工作持续向精准化方向推进。

一是加强组织领导。成立全总农民工工作领导小组，制定印发贯彻落实进一步做好为农民工服务工作的实施意见以及《农民工工作规划（2016—2020 年)》等文件，把为农民工服务工作经费纳入项目预算管理。在全总十六届四次执委会议上，选举农民工巨晓林为全总兼职副主席。截至 2018 年 6 月，有 4 名农民工担任全总执委，北京等 13 个省（区、市）总工会配备了农民工兼职副主席，275 名农民工当选全国劳动模范，862 名农民工荣获全国五一劳动奖章。

二是突出抓好农民工入会工作。各级工会持续深化“农民工入会集中行动”，紧盯开发区（工业园区)、建筑业、物流（快递）业、家庭服务业等重点区域（行业)，通过制定“行动计划”、开展“工会组建月”等活动，最大限度地把农民工包括返乡创业的农民工吸收到工会中来。加强乡镇（街道)、开发区（工业园区)、村（社区）工会和基层工会联合会建设，总结推广职工网上申请入会的实践做法，让包括农民工在内的广大职工更方便快捷地加入工会组织。农民工会员已从 2013 年的 1.08 亿增加到 2017 年的 1.4 亿。

三是切实维护农民工劳动保障权益。各级工会充分发挥政府农民工工作议事协调机构作用，积极参与涉及农民工劳动经济权益的各项政策措施制定修改，表达工会关切和主张，推动相关法规政策和工作落实。积极参与《国务院办公厅关于全面治理拖欠农民工工资问题的意见》及其配套措施的制定工作，配合有关部门开展农民工工资情况专项检查，为1130.6万名农民工追回被拖欠工资及补偿金935.14亿元。

四是为农民工提供多元服务。地方工会将服务农民工触角不断向镇（街）总工会、开发区（工业园区）工会帮扶站（点）延伸。在开展“四季服务”及其他普惠服务活动时，高度关注农民工群体的需求，为他们提供力所能及的帮扶服务。五年来，各级工会在技能培训促就业活动中培训农民工464.42万人次，成功介绍258.18万人就业；帮助农民工平安返乡2049.8万人次，为农民工争取返乡补贴5.42亿元。2016年以来，据不完全统计，各级工会采取自建、共建等方式建设户外劳动者服务站点22235个，累计投入资金3亿多元，覆盖以农民工为主体的户外劳动者群体334.47万人。

（王博韬）

22. 五年来工会在脱贫攻坚中做了哪些工作？

各级工会组织坚决贯彻习近平总书记关于扶贫工作的重要论述和中央决策部署，将脱贫攻坚作为重大政治任务，积极参与、发挥优势，立足实际、创新方式，把工会工作资源手段向贫困地区和贫困农民工倾斜，在打赢脱贫攻坚战中充分发挥工会组织作用。

一是促进贫困地区基础设施建设。在贫困地区的交通、水利、电力等基础设施重点项目和民族地区重大基础设施项目、民生工程建设中，组织动员职工开展重大工程劳动和技能竞赛活动，广泛开展合理化建议、技术革新、技术协作、发明创造等活动，促进项目优质高效安全完工，促进完善贫困地区基础设施，推动贫困地区和民族地区破除发展瓶颈制约，加快经济社会发展。

二是加强贫困地区基层工会建设。在有条件的贫困村、卫星工厂、扶贫车间、易地扶贫搬迁集中安置点组建工会，组织符合条件的贫困群众加入工会组织，通过帮扶救助和各类服务，帮助贫困人口稳定脱贫。

三是加强对贫困地区的技术指导和技术帮助。通过召开动员会、发起倡议、印发文件等形式，组织动员各级劳模、先进集体深入贫困地区企业开展技能培训和技术交流活动，推广先进技术，帮助贫困地区培训技能人才。通过产业扶贫、就业扶贫、教育扶贫、医疗扶贫和扶贫捐赠等方式，推动贫困地区企业健康发展，帮助贫困村和贫困群众脱贫。

四是推进贫困人口转移就业和稳定就业能力提升。积极参与国家“雨露”计划，利用工会农民工培训基地、职工技能实训基地和职工学校等，开展农村劳动力转移培训。开展促就业行动、春风行动、农民工返乡创业行动等活动，充分发挥工会职业介绍机构和帮扶中心就业服务窗口作用，为贫困地区农民工提供就业帮扶、创业扶持，帮助贫困地区农民工提升脱贫能力。

五是提升工会定点扶贫工作水平。深入开展定点扶贫地区贫困状况调研活动，进一步摸清贫困人口底数和贫困原因。把工作重点放在建档立卡的贫困户上，以减少贫困人数为目标，加大资金投入，制定精准扶贫工作方案，积极配合定点扶贫地区党委政府开展精准扶贫。探索开展电商扶贫、生态旅游扶贫等新的扶贫工作方式，推动工会系统采购定点扶贫地区农副产品，帮助拓宽销售渠道。

（王博韬）

23. 五年来工会是如何做好劳动争议预防和处理工作的?

各级工会着眼于构建和谐稳定的劳动关系，加大对劳动争议预防和调处工作的指导力度，通过建立机制，采取多种措施将劳动争议解决在萌芽状态。

一是积极参与构建和完善矛盾纠纷多元化解机制。贯彻落实中共中央、国务院制定的《关于构建和谐劳动关系的意见》，中共中央办公厅、国务院办公厅制定的《关于完善矛盾纠纷多元化解机制的意见》等精神，全国总工会与人力资源和社会保障部、中央社会治安综合治理委员会、最高人民法院等8部委共同下发《关于进一步加强劳动人事争议调解仲裁完善多元处理机制的意见》，积极构筑化解劳动争议的“第一道防线”。各级工会积极主动争取党委和政府支持，不断加强和完善与人社、司法、综治、人民法院等相关部门的协作配合机制，整合资源，多方联动，探索建立劳动争议预防化解联动机制，形成多主体、多方式、多层次的劳动人事争议多元处理格局。

二是建立健全劳动争议预防预警和调解机制。许多地方工会出台文件推进企业建立健全劳动争议预防、预警、疏导、调解机制，建立和完善劳动争议特别是集体劳动争议防控体系；推动建立劳动关系三方协调制度，完善信息报送制度，着力提升企业和基层调解组织化解劳动关系矛盾纠纷的能力。

三是多措并举推动企业和区域性行业性劳动争议调解组织建设。各地工会把工作重心放在基层，积极推动企业和区域性行业性劳动争议调解组织建设。有的地方以工会组建带动和推进企业建立劳动争议调解组织；经济发达地区根据区域经济发展特点以及解决劳动争议的实际需要，大力推进乡镇（街道）、工业园区、村（社区）建立劳动争议调解组织，形成多级次劳动争议调解组织网络。

四是高度重视职工法律援助工作。全国总工会先后下发《关于建立健全职工法律援助等维权服务长效机制的意见》《2012—2014年推进职工法律援助工作规划》《关于贯彻落实党的十八届四中全会精神大力推进工会工作法治化建设的实施意见》等，对推动职工法律援助工作作出安排部署。地方工会依托社会力量，在高校教师、大学生和法律工作者中招募法律援助志愿者，充实和壮大工会法律援助队伍；通过购买法律服务等方式，与律师事务所合作，或直接从执业律师中聘请优秀人员，为职工提供专业法律援助服务。充分利用财政资金，组织实施全国工会法律人才扶植培养财政资金项目，开展劳动关系协调员（师）专项培训。

（张龙龙）

24. 五年来工会是如何做好工会劳动法律监督工作的？

各级工会认真履行劳动法律监督职责，不断加大工会劳动法律监督力度，工会劳动法律监督网络进一步健全。

一是推动地方立法及政策制定。积极推动劳动法律监督地方立法及政策制定，多个地方工会出台了工会劳动法律监督专项地方性法规，将工会劳动法律监督立法列入地方立法计划，专门出台意见、办法，从加强组织建设、完善监督制度、切实化解矛盾等方面对做好工会劳动法律监督工作提出明确要求。部分省总工会与政府相关部门联合下发了强化工会劳动法律监督的政策文件。

二是加强协作，形成多部门工作合力。配合人大、政协开展执法检查、政协委员视察。各级工会加强与人大、政协的密切联系，就促进劳动法律贯彻实施提出议案提案，推动并参与相关执法检查和视察活动，有效提升了工会劳动法律监督效果。各级工会不断加强与人社、安监、卫生、发改、经信等部门的协调配合，积极参与劳动执法监督工作，推进工会监督与行政执法有效衔接，推动形成劳动法律贯彻实施合力，积极参与处理劳动关系相关重大案件或热点事件。

三是多措并举，充分发挥工会监督职能。深入推行“两书”制度。通过发出工会劳动法律监督意见书和建议书，督促用人单位切实整改劳动违法问题，推进工会劳动法律监督工作制度化、规范化。部分地方工会通过加强舆情监测，完善信息搜集、研判、回应机制，实现早知道、早介入、早处理，将劳动关系风险隐患降至最低。建立监督评价机制。部分地方工会对辖区内单位在劳动合同签订、劳动安全保障、社会保险费缴纳、工资报酬支付等方面执行劳动法律法规的情况进行检查评价，有序引导，分类施策。建立健全预警排查机制，将监督关口前移，对各类企业遵守劳动法律法规的情况开展监督检查。充分发挥工会劳动法律监督组织和监督员作用，促进劳动法律法规贯彻落实。截至 2017 年 9 月，全国建立基层工会劳动法律监督组织 100.7 万个，共有基层工会劳动法律监督员 197.2 万名，工会劳动保障法律监督员 135.8 万名。

（张龙龙）

25. 五年来工会资产服务工作取得了哪些新成效?

各级工会把握管好用好工会资产，突出公益性服务性职能，发挥好服务基层、服务职工作用的要求，坚持在党和国家工作大局中谋划工会资产工作，推动工会各类资产服务阵地成为工会组织联系服务职工的有效载体。

一是聚焦发展职工文化教育体育服务事业、职工疗休养服务事业、职工互助保障服务事业三大服务领域，推进规范管理，用好用活资源。按照工会资产“回归公益、聚焦主业、自主经营、依法监管”的工作要求，以突出工会资产公益性服务性为主线，坚持鼓励恢复重建、倡导维修改建、规范控制新建的工作方针，着眼盘活现有工会资产，推进工会阵地建设和功能性修复工作。

二是加强政策协调，争取政策支持，推动把工人文化宫、职工书屋纳入《公共文化服务保障法》保障范畴。加强与有关部委沟通，阐明工会资产和工人疗休养院特殊属性，确保在相关改革中工会所属工人疗休养院继续发挥服务劳模和职工的重要作用。

三是出台《中华全国总工会关于加强和规范工人文化宫管理的意见（试行）》《中华全国总工会关于加强和规范工人疗休养院管理的意见（试行）》，在全国范围内集中开展工人文化宫、工人疗休养院清理整改工作，依法依规清理出租承包行为，恢复和拓展职工文化教育、疗休养服务项目，取得党政领导满意、工会组织满意、职工群众满意的成效。加强规范职工互助保障活动管理工作，研究制定《关于加强规范职工互助保障活动管理的意见》，推动职工互助保障活动健康发展。

四是加强工会本级企事业资产监督管理工作，坚持和完善经营业绩考核制度，指导帮助各企事业单位制定发展规划。制定《关于工会系统经营类事业单位改革的指导意见》，积极稳妥推进经营类事业单位改革，最大限度地实现工会资产保值增值。五年来，全国工人文化宫（俱乐部）、工人体育场馆共有

2.22亿人次参加活动；工人疗休养院接待职工和劳模1835.36万人次；工会院校、职工学校和职工技能培训机构共培训各类职工1445.29万人次；职工互助保障组织共有入会职工8600.69万人次。

（张　广）

26. 五年来工会是如何维护女职工合法权益和特殊利益的？

各级工会加强组织领导，明确责任分工，围绕女职工最关心最直接最现实的利益问题，深入开展调查研究，积极推进政策制定，不断创新内容方式，竭诚维护女职工合法权益和特殊利益。

一是加强源头参与，开展《女职工劳动保护特别规定》（以下简称《特别规定》）贯彻落实情况调研，通过提案、专报以及参与国家有关政策文件制定等推动《特别规定》落实。开展生育政策调整后如何帮助女职工解决后顾之忧专题调研，联合国家卫生计生委等10部门制定《关于加快推进母婴设施建设的指导意见》，推动职工子女托管服务、家政服务、企业性别平等机制建设和企事业单位女职工休息哺乳室建设等工作，切实帮助女职工解除后顾之忧。截至2017年9月，全国建立女职工休息哺乳室的基层企事业工会29.6万个，涵盖单位62.3万家，覆盖女职工1849.4万人。

二是贯彻落实《新时期产业工人队伍建设改革方案》，大力提升女职工素质，巩固发展女职工教育培训平台，拓展培训内容，搭建网上平台，助推女职工成长成才。着力做好女职工就业创业服务，开展化解过剩产能对女职工就业影响专题调研，总结推广建立女职工创业孵化基地的经验做法，在“工会就业创业援助月”活动中设立家政服务招聘专场、举办月嫂职业资格培训班等，加大对下岗女职工就业援助和职业技能培训力度。

三是广泛开展“女职工维权行动月”活动、普法宣传、女职工专项集体合同集中要约和监督检查等工作，探索适应不同行业区域、不同规模、不同所有制企业女职工专项集体合同运作模式，将女职工专项集体合同工作纳入集体合同工作调研督查及考核评分体系，在中国工会女职工工作网开设专栏，交流推广女职工专项集体合同示范文本。截至2017年9月，全国共签订女职工专项集体合同136.6万份，覆盖女职工7999.9万人。

四是积极推动侵犯女职工权益问题调查处理，针对要求女职工“怀孕排队”、女职工生育待遇不落实、“四期”劳动保护不到位等问题，加强协调和参与调查处理工作力度。

五是组织开展“女职工关爱行动”、姐妹献爱心、“三八”助单亲、子女助学等活动，加大对困难女职工的帮扶力度。开展女职工心理健康状况调查，深化“心理援助进企业”活动，加强对女职工人文关怀和心理疏导。

（张　广）

27. 五年来工会是如何维护职工队伍和工会组织团结统一的？

各级工会从党和国家工作大局出发，立足工会组织特点和优势，强化政治担当，积极稳妥开展工作，努力维护职工队伍和工会组织的团结统一。

一是针对重点领域、重点群体，加大工会组建力度，消除空白点，扩大工会组织覆盖面。积极推进工会改革创新，夯实基层基础，激发基层活力。

二是加强和改进职工思想政治工作，创新方式方法，引导广大职工深入学习贯彻习近平新时代中国特色社会主义思想，增强“四个意识”，坚定“四个自信”，自觉抵制错误思潮，把广大职工群众紧密团结在党的周围。加强对供给侧结构性改革的政策阐释和措施解读，引导广大职工正确对待改革过程中利益关系和利益格局的调整，依法理性有序表达诉求，做维护社会大局稳定的中流砥柱。

三是推动完善政府、工会、企业共同参与的协商协调机制，充分发挥协调劳动关系三方机制及政府与工会联席会议制度作用，推进企业民主管理工作制度化、规范化、法治化建设，促进企业民主管理工作创新发展，大力开展和谐劳动关系创建活动，推动构建和谐劳动关系。

四是开展职工队伍稳定风险调研排查化解专项工作，强化协调联动，加强对劳动关系矛盾新情况新问题的调查研究、风险评估和会商研判，总结推广源头治理劳动纠纷经验，完善劳动关系调处和预防预警机制，及时排查、有效化解劳动关系矛盾风险隐患。

五是通过组建工会、购买服务、建立联席机制、搭建服务平台、培育孵化工会领导或主导的社会组织等方式，加强对劳动关系领域社会组织的政治引领、示范带动和联系服务，延长工会手臂，拓宽工会组织参与创新社会治理和维护社会稳定的深度和广度。

六是健全完善工会信访制度。制定实施《全总领导接待职工来访、阅批职工来信、包案处理职工信访案件办法》《工会信访情况通报制度》《工会信访工作责任制实施细则》等文件，工会信访工作专业化信息化法治化建设稳步推进，保持了劳动关系稳定向好的总体态势。

（张　广）

28. 工会是如何按照中央部署扎实推进改革试点工作的？

各级工会贯彻落实《中共中央关于加强和改进党的群团工作的意见》和中央党的群团工作会议精神，紧紧围绕保持和增强政治性、先进性、群众性，有力有序推进改革。全国总工会和上海、重庆市工会如期顺利完成改革试点任务，取得阶段性成效，创造一批可复制可推广经验，各级工会结合实际主动对接、及时跟进，形成了上下联动、左右互动、整体推动的改革局面。

一是充分发挥党组织领导核心作用。以习近平新时代中国特色社会主义思想为指导，贯彻落实党中央全面从严治党各项部署要求，健全全总党组向党中央请示、报告重要工作制度，完善工会受同级党委和上级工会双重领导体制，强化工会党组织改革担当，工会系统改革稳步推进、全面展开。

二是整合机构优化职能。改进领导机构人员构成，全总领导班子增设1名农民工兼职副主席和1名挂职书记处书记，全总执委会委员和主席团成员中，劳模和一线职工比例分别增至15.5%和12.0%。优化全总机关职能和机构设置，将原6个职能部门整合为3个，新成立2个职能部门；5个生产类事业单位转制为企业。各级工会扎实推进相关改革，取得积极成效。

三是夯实基层基础。制定基层组织建设工作规划，开展基层工会建设年活动和“强基层、补短板、增活力”行动，聚焦开发区（工业园区）等5大领域（行业），加大工会组建力度，推进货车司机等8大群体入会，工会组织覆盖面不断扩大。制定加强基层工会建设的意见、工会基层组织选举工作条例、推进基层工会组织和工会会员实名制管理工作方案等，加强基层工会规范化、标准化建设。完善基层联系点、接待群众来访等5项联系群众制度，建立工会服务职工满意度评价制度，构建以职工为主体的活动方式，工会与职工的联系更加密切。

四是依托“互联网+”建设工会网上工作平台，实施《全国工会网上工作纲要（2017—2020年）》，推动工会工作网上网下工作互动融合，深入推进“互联网+”工会普惠性服务，积极开展网上教育和舆论引领。

五是改进和完善工会经费使用和管理。研究制定将更多的资金、资源向基层倾斜的制度办法，全国工会经费全年收入的95%留在地方和基层工会，全总本级工会经费全年收入的70%用于对下级工会的补助。

（张　广）

29. 五年来工会是如何改进和完善工会经费收缴、使用和管理的?

各级工会坚持以提高服务保障能力为目标，以推进改革创新为主线，不断创新工作机制，加大依法收缴经费力度，积极争取财政资金支持，加强预决算管理，强化制度建设，依法履行审查监督职责，扎实推进经审全覆盖，工会经费使用和管理不断完善，工会财务保障能力明显增强，为工会改革和各项工作顺利推进提供了有力的资金和物质保障。

一是加强预算编制和预算执行管理。认真做好经费收支预决算编制工作，逐步优化工会经费支出结构，确保更多工会经费用于职工群众、保障重点项目、向基层一线倾斜。2015—

2017年，全总用于重点工作的经费分别为2.91亿元、2.97亿元、3.12亿元；用于乡镇街道和基层工会的补助分别为1.18亿元、1.24亿元、1.30亿元。

二是调整工会经费分配机制。下发《关于加大对乡镇（街道）、开发区（工业园区）工会和基层工会经费支持力度的若干规定》。全国工会经费收入中，安排不低于10%的专项资金用于乡镇（街道）、开发区（工业园区）工会的工作经费。对下补助实行项目管理，进一步提高全总对经费的调控能力。

三是建立完善工会经费使用和管理制度。按照中央八项规定精神，及时制定《关于加强基层工会经费收支管理的通知》和《全国总工会财务部关于加强基层工会经费收支补充通知》，并结合实施中出现的新情况新问题进行修订。制定《基层工会经费收支管理办法》，进一步明确开支范围、内容、标准和要求，较好地规范了基层工会经费收支管理问题。探索建立工会经费差异化管理投入保障机制。制定《关于加强工会财务管理、资产监督管理和经费审查审计监督的意见》《县以上工会企事业单位〈工会预算管理办法〉实施细则》《工会预算审查监督办法》等制度规定，织密制度笼子，严防黑洞漏洞。

四是强化工会经费预决算审查监督。各级工会经审组织主动适应工会全局工作和工会改革新要求，按照“依法审计、服务大局、突出重点、注重实效”的工作方针，加大对重大政策落实、重大项目落地、重点资金保障、重要岗位领导干部经济责任等领域的审查力度。积极推进经审工作机制创新，统筹整合审查资源，创新审查方式方法，探索建立以工会内部审查为主体、以国家审计为指导、以社会审计为补充、以职工会员监督为基础的经审监督体系。

（李跃平）

30. 五年来工会在强化基层基础方面取得了哪些成绩?

各级工会认真贯彻落实习近平总书记关于加强基层工会建设“三个着力”的重要批示精神，积极推动非公有制企业建会和农民工入会，推进基层工会规范化建设，基层基础不断夯实，工会吸引力凝聚力战斗力不断增强。

一是扩大了工会组织有效覆盖面。制定《基层组织建设工作规划（2014—2018 年）》，连续开展基层工会建设年、落实年活动和“强基层、补短板、增活力”行动，大力推广上海顾村经验，聚焦开发区（工业园区）、物流（快递）业等 5 大领域（行业），加大工会组建力度，深入推进货车司机等 8 大群体入会，工会组织覆盖面不断扩大，消除了一些建会“盲点”和“空白点”，截至 2017 年 9 月底，工会会员达到 3 亿人，基层工会组织 280.9 万个，覆盖单位 655.1 万个。

二是增强了基层工会活力。规范推进工会法人登记管理工作，组织实施统一社会信用代码制度，为工会组织依法开展民事活动、助推国家信用体系建设提供了基础性保障。制定新形势下加强基层工会建设的意见、增强基层工会活力发挥基层工会作用的指导意见、工会基层组织选举工作条例、会员会籍管理办法、推进基层工会组织和工会会员实名制管理工作方案等，规范基层工会选举工作，完善会员（代表）大会、会员评家制度，以“六有”为标准推进基层工会规范化、标准化建设，基层工会活力进一步增强。

三是提升了基层工会干部和职工代表履职能力。推动乡镇（街道）党（工）委副书记兼任总工会主席，配备专职工会副主席和专职工会干事。探索由上级工会向基层推荐选派工会干部，破解企业工会作用发挥难的问题。联合印发《关于加强工会社会工作专业人员队伍建设的指导意见》，加强社会化工会工作者队伍建设，截至2017年，社会化工会工作者已达3.38万人。深入推进职工代表素质提升工程，不断提高基层工会干部和职工代表的综合素质。

四是密切了工会与职工的联系。完善机关干部基层联系点、调查研究、基层挂职任职、定期接待群众来访、谈心和征求意见等5项直接联系群众制度，全国总工会领导同志和机关各部门分别确定1个县级以下工会和1家企业工会作为基层联系点，广泛开展调查研究、政策宣讲和工作指导。构建以职工为主体的活动方式，地方工会探索建立工会服务职工满意度评价制度，适应职工的作息特点安排工作时间，推广“错峰服务”模式，工会与职工的联系进一步密切。

（李跃平）

31. 五年来“互联网+”工会建设取得了哪些成绩?

各级工会高度重视“互联网+”工会建设，加强统筹谋划，找准工会网上工作的切入点和着力点，积极打造服务职工新通道，全面推进工会网上工作。

一是构建了“互联网+”工会工作格局。实施全国工会网上工作纲要，推动将工会网络安全与信息化重点工作纳入“十三五”国家政务信息化工程，实现全总机关与中央和国家机关各部门电子政务内网安全互联，各级工会电子政务内网安全互通，推动联系网工作网服务网整体合一、工会工作网上网下互动融合、实体和虚拟两大空间共同开展工作。

二是把综合平台建设作为推进工会工作改革创新、提高服务引领职工能力、开展工会网上工作的基础性手段。打造“互联网＋”工会工作平台。制定完成《推进基层工会组织和工会会员实名制管理工作方案》，建立健全结构清晰、数据准确、动态管理的工会工作和会员信息基础数据库，建设会员实名制与普惠性服务综合管理系统。以“一片心、一叠卡、一张网、一个家”为抓手，深入推进“互联网＋”工会普惠性服务，探索开展了为货运司机服务的“工惠驿家”等普惠性服务项目，打造方便快捷、务实高效的服务职工新通道，努力实现服务职工全方位全天候。加强对产业工人队伍的网上思想引领、技术交流、创新成果展示、文化建设等，举办多行业、多工种网上练兵活动。各地工会优化网上工作资源配置，逐步形成品牌特色，重庆市总工会“渝工娘家人”App上线试运行；湖北工会以大数据、云计算为支撑加快建成“全省一张网、五级全覆盖”的服务职工体系；上海工会网上工作平台正式上线试运行；北京市总工会实现工会会员互助服务卡与职工服务网、微博、微信、手机App深度融合；杭州市总工会智慧工会正式上线运行。

三是增强了工会网上舆论宣传主导权主动权。积极开展网上教育和舆论引领，与中央网信办联合主办“网聚职工正能量，争做中国好网民”主题活动，各级工会举办线下活动5000余场，加强网络舆情监测和应对，营造清朗网络空间，扩大了工会网上工作影响力；开通微博、微信公众号，开发移动客户端，推进全国工会新媒体建设，工会网上舆论宣传主导权主动权不断增强。

（李跃平）

32. 五年来工会是如何全面加强工会系统党的建设的？

各级工会贯彻新时代党的建设总要求，全面加强工会系统党的建设，坚持党建工作和业务工作一起谋划、一起部署、一起督查、一起落实，切实履行“两个责任”，推动工会全面从严治党向纵深发展。

一是把党的政治建设摆在首位。全总成立由党组书记任组长的党建工作领导小组，构建党组书记负总责、分管领导分工负责、机关党委推进落实、各单位主要负责同志“一岗双责”的党建工作格局。修订《中共中华全国总工会党组工作规则》《中共中华全国总工会党组中心组学习制度》，制定全总党组议事内容目录和党组中心组学习目录，指导驻会全国产业工会等8个分党组修订分党组工作规则。健全全总机关各级党组织，落实“三会一课”等党的组织生活制度，加强基层党组织队伍建设。扎实开展党的群众路线教育实践活动、“三严三实”专题教育，推进“两学一做”学习教育常态化制度化，引导广大党员做“四讲四有”合格党员。落实管党治党的政治责任，抓住主体责任这个“牛鼻子”，自觉尊崇党章、执行党章，坚决贯彻《中共中央政治局关于加强和维护党中央集中统一领导的若干规定》的精神，严守党的政治纪律和政治规矩，坚定执行党的政治路线，不断增强党内政治生活的政治性、时代性、原则性、战斗性。2013年以来，全总党组和中心组集体学习180余次；全总领导同志为机关和分管单位党员干部讲党课50余次；举办理论学习专题培训班16次，累计培训党员干部2730余人次。

二是深入推进工会系统党风廉政建设和反腐败工作。全国总工会每年召开专题会议，研究部署全国工会系统党风廉政建设和反腐败工作。制定全总贯彻落实中央八项规定精神的实施办法，严格规范会议活动、文件简报、新闻报道、因公出国等工作，组织开展工会系统落实中央八项规定精神专项检查，对直属单位进行重点抽查，在关键时间节点及时督促提醒。深入搞好警示教育，综合运用监督执纪“四种形态”，广泛开展约谈、函询、提醒谈话，严肃查处违纪违规行为，严肃问责履职不力的党员领导干部。

三是自觉接受巡视监督。全总党组主动支持、积极配合中央第十二巡视组对全总党组开展的专项巡视。召开 15 次党组会、5 次领导小组会、2 次专题民主生活会，从严从实、不折不扣落实整改要求，做到全面改、深入改，改到底、改到位。全面清理规范全总会议活动、评比表彰、期刊等，撤销 25 个评比表彰项目，将全总所属的 13 个期刊撤并为 5 个。加强建章立制，在党的建设、干部人事管理、反腐倡廉、财务管理、资产监管经营等方面，共制定和修订 190 项制度。

（李跃平）

33. 五年来工会港澳台工作取得了哪些成绩？

各级工会认真落实中央对港澳台工作部署，始终坚持服务党和国家总体外交大局、服务祖国和平统一大业、服务工会中心工作，充分发挥工会组织群众性特点，进一步深化同港澳台职工和工会组织的交流与合作，不断丰富交流内容，推动工作向广泛、深入发展，形成了职工国际交流新亮点。

一是扎实推进工会交流，不断扩大基层参与。每年举办“海峡职工论坛”“港澳工会五一代表团”等品牌活动，使港澳工会更多融入国家发展大局，增进两岸职工心灵契合。五年来，共接待港澳台工会代表4500余人次，组派1200余人次到港澳台地区进行交流。以职工技能交流和文化交流为抓手，大力弘扬劳模精神、劳动精神、工匠精神，开展形式多样的交流合作，团结广大港澳台职工共同为实现中华民族伟大复兴的中国梦而努力奋斗。

二是积极开展国情教育，着力增强国家意识。举办工会国情研习班、座谈研讨会等专题活动，积极向港澳台工会干部和职工宣讲习近平新时代中国特色社会主义思想和党的十八大、十九大精神，宣传国情国策，大力宣讲中国特色社会主义工会发展道路，有力增进了港澳台职工对祖国的感情和认同。

三是加大青年工作力度，举办“港澳工会青年研讨营”“台湾工会青年研讨营”等活动，增进港澳台青年对祖国了解，拉近心灵距离，增强港澳青年投身“一国两制”事业的责任感与使命感，激励更多台湾青年为两岸关系和平发展贡献力量。

（时银龙）

34. 五年来工会外事工作取得了哪些成绩？

各级工会认真学习贯彻习近平外交思想和党中央关于民间外交工作的重要指示精神，紧紧围绕党和国家外交战略布局，立足工会组织特点，主动配合我国重大外交议程，深化劳动关系领域的国际交流与合作，广泛宣传中国特色社会主义工会发展道路，积极参与国际劳工治理，有效扩大我国工会的话语权和影响力，在促进“一带一路”沿线国家民心相通、推动构建人类命运共同体进程中发挥了积极作用。

一是积极推进多边合作框架下劳动关系领域的交流与合作。积极开展G20框架下有关工作，承办2016年二十国集团劳动会议，借助G20和L20平台，讲好中国故事、中国工人阶级故事、中国工会故事。派团出席金砖国家工会论坛，特别是配合2017年金砖国家领导人厦门会晤，举办第六届金砖国家工会论坛，提升了中国工会在金砖国家和广大发展中国家工会中的影响力。

二是积极服务“一带一路”建设。围绕“一带一路”建设，举办世界工联青年干部培训班、世界工联妇女干部培训班、工会国际研讨会，启动“全总—非工统加强工会干部能力建设”项目，相继举办非洲工会领导人培训班、苏丹工会干部培训班，加强与“一带一路”沿线国家工会的互访交流。

三是积极参与国际劳工规则制定与亚太工会能力建设。2014年、2017年在国际劳工组织理事会工人组换届选举中成功连任；在第107届国际劳工大会上，推动国际劳工大会将构建人类命运共同体、互利共赢等重要理念写入有关文件，增强我国在国际劳工话语体系中的影响力。积极宣传介绍“一带一路”倡议和构建人类命运共同体理念，参与国际劳工组织机构发展、政策制定、国际劳工标准等重要议题的讨论，有力维护我国的国家利益和职工利益。

四是在推动构建新型国际关系中发挥作用。加强与国际工会组织的对话与交流，与国际工联总书记就工会在APEC、G20中发挥作用等问题进行深入交流。

五是努力搭建产业工人国际交流平台。举办上合组织职工技能大赛，举办亚信国家航空业“放飞梦想，安全信任”安全监督管理专家研讨营、中缅“促进企业健康发展，构建和谐劳动关系”职工交流营等，接待中哈“促进产能合作、推动技能发展”专家交流团访华，拓宽了产业工人的国际交流渠道。

（时银龙）

35. 五年来工会工作还存在哪些不足？

在充分肯定工会各项工作成绩的同时，也要清醒地看到，面对时代发展、社会变化和职工需求带来的新情况新任务，工会工作还存在一些问题和不足。

一是工会体制机制与劳动关系、职工队伍的新变化还不适应，还滞后于形势发展的需要。在劳动关系方面，互联网经济的迅猛发展，产生了基于共享经济条件下的新型用工形式，工会如何界定劳动者与互联网平台的关系，如何有效维护劳动者的合法权益，如何有效组织共享经济中的劳动者加入工会等都成为新的课题；在维护职工权益方面，职工队伍内部分化加大，不同群体职工对劳动岗位、劳动报酬、教育、医疗、居住等利益诉求日益差异化，对社会状况、基本权利的认知和自身利益的诉求差异较大，呈现出从被动维权向主动诉求转变、从追求生存权益向追求发展权益转变、从追求物质权益向追求精神权益和民主权利转变的特点，工会工作如何适应职工队伍的这些变化，还需要想更多的办法，采取更多的举措。

二是工会工作载体和手段还不够丰富，与职工需求存在一定差距。中国特色社会主义进入新时代，广大职工群众对美好生活的需要日益增长，对工会提升维权服务能力，提高维权服务质量的要求也与日俱增。工会在这方面还不能完全适应职工群众的需求。在工作方式上，一些工会组织仍习惯于面对面的工作方式，运用互联网开展工作的敏感度和行动力相对滞后，方式方法不够多；在活动载体上，一些工会举办的有些活动，职工的热情和参与度还不高，对职工的吸引力和感染力还不够等。

三是一些工会干部的改革意识和担当精神不够强，深入基层、服务职工的作风不够扎实，处理复杂问题的能力还有不足，做职工群众工作的本领有待进一步增强。

四是上级工会对基层指导服务不够到位，工会基层基础薄弱的短板需要进一步补齐。基层工会的职责定位还需进一步明确，基层缺编制、缺人员、缺经费、缺办公场所的情况还需进一步改善，基层工会干部和工会社会化工作者能力素质还需进一步提高、发展通道还需进一步拓宽，上级工会对基层工会的指导还需进一步加强等。

（时银龙）

36. 为什么说习近平新时代中国特色社会主义思想是全党全国人民为实现中华民族伟大复兴而奋斗的行动指南？

党的十八大以来，以习近平同志为核心的党中央带领全党紧密结合新的时代条件和实践要求，以全新的视野深化对共产党执政规律、社会主义建设规律、人类社会发展规律的认识，从理论和实践结合上系统回答了新时代坚持和发展什么样的中国特色社会主义、怎样坚持和发展中国特色社会主义这个重大时代课题，创立了习近平新时代中国特色社会主义思想。习近平新时代中国特色社会主义思想，是对马克思列宁主义、毛泽东思想、邓小平理论、“三个代表”重要思想、科学发展观的继承和发展，是马克思主义中国化最新成果，是党和人民实践经验和集体智慧的结晶，是中国特色社会主义理论体系的重要组成部分，为中华民族伟大复兴指明了奋斗方向、提供了行动纲领。

指导思想是一个政党的精神旗帜。党的十九大将习近平新时代中国特色社会主义思想确立为我们党的行动指南，实现了党的指导思想的又一次与时俱进。这是党的十九大取得的一个重要理论成果和重大历史贡献。十三届全国人大一次会议表决通过的《中华人民共和国宪法修正案》，把习近平新时代中国特色社会主义思想载入宪法，把党的指导思想转化为国家指导思想，以国家根本法的形式确立习近平新时代中国特色社会主义思想在国家政治和社会生活中的指导地位。这充分反映了全党全国各族人民的共同意愿，体现了党的主张和人民意志的高度统一，有利于全党全国各族人民把思想统一到习近平新时代中国特色社会主义思想上来，把力量凝聚到党的十九大确定的重大战略部署上来，进一步筑牢共同思想基础、提供强大精神支柱。97 年来，我们党之所以不断从胜利走向新的胜利，就在于坚持在实践中不断丰富和发展马克思主义。实践证明，过去 5 年，党和国家事业之所以取得历史性成就、发生历史性变革，最根本的原因，就是以习近平同志为核心的党中央的坚强领导、习近平新时代中国特色社会主义思想的科学指引。

当前，中国特色社会主义进入了新时代，我们比历史上任何时候都更接近、更有信心和能力实现中华民族伟大复兴。但同时也要看到，中华民族伟大复兴绝不是轻轻松松、敲锣打鼓就能实现的，既需要党团结带领全国人民一件事情接着一件事情办、一年接着一年干，更需要高瞻远瞩的战略部署。因此，我们必须把习近平新时代中国特色社会主义思想作为行动指南，长期坚持并不断发展。只有这样，才能切实凝聚起中华儿女为实现中华民族伟大复兴的中国梦团结奋斗的磅礴伟力，把新时代中国特色社会主义伟大事业不断推向前进。

（王娇萍）

37. 如何深刻理解习近平新时代中国特色社会主义思想的精神实质和丰富内涵？

习近平新时代中国特色社会主义思想是一个系统完整、逻辑严密的科学理论体系，思想内涵十分丰富，既包括新时代坚持和发展中国特色社会主义的总目标、总任务、总体布局、战略布局和发展方向、发展方式、发展动力、战略步骤、外部条件、政治保证等各方面的基本问题，也包括对经济、政治、法治、科技、文化、教育、民生、民族、宗教、社会、生态文明、国家安全、国防和军队、“一国两制”和祖国统一、统一战线、外交、党的建设等各领域作出的理论分析和政策指导。概括地说，习近平新时代中国特色社会主义思想主要从理论和实践结合上系统回答了新时代坚持和发展什么样的中国特色社会主义、怎样坚持和发展中国特色社会主义这一重大时代课题。其精神实质和丰富内涵，集中体现在党的十九大报告精辟概括的“八个明确”基本内涵和新时代中国特色社会主义“十四个坚持”基本方略之中。“八个明确”基本内涵偏重于新时代条件下理论层面的概括和凝练，集中反映了我们党对科学社会主义在当今时代的理论思考和理论贡献，主要从理论上回答“新时代坚持和发展什么样的中国特色社会主义”，是支撑整个思想体系的四梁八柱；“十四个坚持”的基本方略涵盖对党的治国理政重大方针、原则的最新概括，是行动纲领层面的展开，主要从实践上回答“怎样坚持和发展中国特色社会主义”，是坚持和发展中国特色社会主义、实现中华民族伟大复兴的“路线图”和“方法论”。“八个明确”基本内涵和“十四个坚持”基本方略相互融合、有机统一，共同组成习近平新时代中国特色社会主义思想体系，凝结着我们党对坚持和发展中国特色社会主义的经验总结，是对共产党执政规律、社会主义建设规律、人类社会发展规律认识的深化、拓展和升华。

学习领会习近平新时代中国特色社会主义思想的精神实质和丰富内涵，关键要准确把握习近平新时代中国特色社会主义思想的历史逻辑、理论逻辑和实践逻辑，深刻认识习近平新时代中国特色社会主义思想根源于党的十八大以来所发生的历史性变革，产生于中国特色社会主义进入新时代，肩负着实现中华民族伟大复兴的历史使命，具有深厚的实践基础和时代基础，必须坚持理论联系实际、学用一致，坚持学而信、学而思、学而行，以更好引领党和人民事业发展。

（王娇萍）

38. 习近平总书记关于工人阶级和工会工作的重要论述的主要内涵是什么?

党的十八大以来，习近平总书记对党的工运事业和工会工作高度重视，深刻阐明了工会工作的地位作用、目标任务、实践要求，科学回答了工人阶级和工会工作的一系列方向性、根本性、战略性重大问题，形成了习近平总书记关于工人阶级和工会工作的重要论述。主要包括八个方面的内涵：

一是坚持党对工会工作的领导。强调中国共产党领导是中国特色社会主义最本质特征，是中国特色社会主义制度的最大优势，党是领导一切的。做好群众工作，保持党同人民群众的血肉联系，是全党重大而紧迫的政治任务。工会工作是党的群团工作、群众工作的重要组成部分，是党治国理政的一项经常性、基础性工作。各级党委要加强和改进对工会的领导，注重发挥工会组织的作用，加大对工会工作的支持保障力度，为工会工作创造更加有利的条件。这是做好工会工作的政治原则和根本保证。

二是坚持全心全意依靠工人阶级。强调工人阶级是我们党最坚实最可靠的阶级基础，是我国的领导阶级。坚持和发展中国特色社会主义，必须巩固工人阶级的领导阶级地位，充分发挥工人阶级的主力军作用。全心全意依靠工人阶级要贯彻到党和国家政策制定、工作推进全过程，落实到企业生产经营各方面，做到在政治上保证、制度上落实、素质上提高、权益上维护，更好地把广大职工群众紧紧团结在党和政府周围。这是党和国家始终坚持的根本方针。

三是坚持为实现中华民族伟大复兴的中国梦而奋斗。强调实现中华民族伟大复兴，是中华民族近代以来最伟大的梦想，根本上要靠包括工人阶级在内的全体人民的劳动、创造、奉献。工会要牢牢抓住这个主题，把推动科学发展、实现稳中求进作为发挥作用的主战场，建设知识型、技能型、创新型劳动者大军，在改革发展稳定第一线建功立业。这是我国工人运动的时代主题。

四是坚持中国特色社会主义工会发展道路。强调中国特色社会主义工会发展道路是中国特色社会主义道路的重要组成部分，深刻反映了中国工会的性质和特点，符合我国国情和历史发展趋势。要始终坚持这条道路，不断拓展这条道路，做到自觉接受党的领导、团结服务职工、依法依章程开展工作相统一，努力使这条道路越走越宽广。这是工运事业和工会工作发展的正确方向。

五是坚持弘扬劳模精神、劳动精神、工匠精神。强调要树立劳动最光荣、劳动最崇高、劳动最伟大、劳动最美丽的理念，倡导辛勤劳动、诚实劳动、创造性劳动，尊敬劳动模范，用劳模的干劲、闯劲、钻劲鼓舞更多的人，激励广大劳动群众争做新时代的奋斗者，营造劳动光荣的社会风尚和精益求精的敬业风气。这是引领教育广大职工的重要抓手。

六是坚持高举维护职工合法权益旗帜。强调保障职工权益是我国社会主义制度的根本要求，是党和国家的神圣职责，也是发挥广大职工群众积极性、主动性、创造性最重要最基础的工作。工会要坚决维护职工合法权益，把竭诚为职工群众服务作为一切工作的出发点和落脚点。要发挥好协调劳动关系的作用，健全劳动关系协调机制，及时正确处理劳动关系矛盾。这是工会组织的基本职责。

七是坚持增强政治性、先进性、群众性的工会改革方向。强调时代在发展，事业在创新，工会工作也要发展、也要创新。加强和改进新形势下工会工作，最重要的是要保持和增强政治性、先进性、群众性。政治性是工会组织的灵魂，先进性是工会工作的重要着力点，群众性是工会组织的根本特点。在建机制、强功能、增实效上下功夫，创新组织体制、运行机制、活动方式、工作方法，让职工群众真正感受到工会是“职工之家”、工会干部是最可信赖的“娘家人”、贴心人，把工会组织建设得更加充满活力、更加坚强有力。这是推进工会工作创新发展的根本要求。

八是坚持加强基层工会建设。强调必须以职工为中心、让职工当主角，眼睛向下、面向基层，力量配备、服务资源向基层倾斜，着力扩大覆盖面、增强代表性，着力强化服务意识、提高维权能力，着力加强队伍建设、提升保障水平，切实增强工会组织的凝聚力。最大限度把农民工吸收到工会组织中来，使他们成为工人阶级坚定可靠的新生力量。这是工会工作彰显活力的基础和关键。

这八个方面的论述，涵盖了工会工作各领域、各方面，其关键是坚持党的领导，根本是增强政治性、先进性、群众性，重点是维护职工权益、服务职工群众。这些重要论述是习近平新时代中国特色社会主义思想的重要组成部分，为新时代工运事业和工会工作创新发展提供了理论指导和行动指南。

（时银龙）

39. 习近平总书记关于工人阶级和工会工作的重要论述的重大意义是什么？

习近平总书记关于工人阶级和工会工作的重要论述，产生于我国波澜壮阔的工人运动伟大实践，对于推进新时代党的工运事业和工会工作具有重大的政治意义、理论意义和实践意义。

一是具有重大政治意义，指明了新时代工运事业和工会工作的发展方向。这些重要论述，从工运事业和工会工作的地位作用、目标任务、实践要求等方面，深刻阐明了新时代建设什么样的工会、怎样建设中国特色社会主义工会等重大理论和实践问题，与习近平新时代中国特色社会主义思想有着内在的逻辑关系和有机联系，是习近平新时代中国特色社会主义思想的重要组成部分，明确了工会的政治责任，提出了做好工会工作的基本要求，体现了鲜明政治导向，为工运事业和工会工作沿着正确方向前进提供了思想支撑与政治保障。

二是具有重大理论意义，继承和发展了马克思主义劳动学说和工运学说。这些重要论述，涵盖了工会工作各领域、各方面，意涵深刻、内容丰富，系统完备、科学辩证，围绕中国梦、劳动、劳动者、劳模精神等内容进行深刻论述，指出劳动人民是国家的主人，要坚持崇尚劳动、造福劳动者，阐释了人民的主体地位、人民劳动创造历史的重要意义，与马克思主义既一脉相承又与时俱进，是马克思关于实现人的自由全面发展思想在新时代的新解读，是马克思主义劳动学说和工运学说的传承和升华，把我们党对工人运动和工会工作的规律性认识提升到一个新高度，是推动新时代工运事业和工会工作发展的强大思想理论武器。

三是具有重大实践意义，是推动新时代工运事业和工会工作创新发展的行动指南和根本遵循。这些重要论述，源于实践，又指导实践，通过不断探索作出新概括、提升新维度。它指明了工会工作的新方位，明确了中国工会要在新时代举什么旗、走什么路、担负什么样的历史使命、实现什么样的奋斗目标；指明了工会工作的新使命，牢牢把握为实现中华民族伟大复兴的中国梦而奋斗的工人运动时代主题，把实现党的十九大描绘的宏伟蓝图作为工人阶级新的历史使命；指明了工会工作的新目标，适应社会主要矛盾的新变化，在克服不平衡不充分发展的制约基础上，不断满足职工群众的美好生活需要。这些重要论述，具有很强的指导性、实践性、针对性，将指导新时代工会工作不断开创新的局面。

（李睿祎）

40. 习近平总书记关于工人阶级和工会工作的重要论述是如何形成的？

习近平总书记高度重视工人阶级和工会工作，对工人阶级和工会工作的思考，是在他丰富的政治历练和实践探索中不断形成的。在他担任浙江省委书记、上海市委书记期间，就对工人阶级和工会工作作了很多重要指示。到党中央工作以后，他领导召开党的历史上第一次中央党的群团工作会议，指导制定加强和改进党的群团工作的意见、产业工人队伍建设改革方案和全总改革试点方案等，亲临全总机关与全国劳模代表座谈，每到一地考察都深入基层看望劳模、慰问职工，多次在重要会议、重要场合围绕工人阶级和工会工作发表重要讲话、作出重要指示，形成了一系列新思想新观点新论断。

2013 年 4 月 28 日，习近平总书记到全国总工会机关与全国劳模代表座谈，强调坚持和发展中国特色社会主义，必须全心全意依靠工人阶级。2013 年 10 月 23 日，总书记同全总新一届领导班子成员集体谈话，强调工会要坚持正确政治方向，牢牢把握为实现中华民族伟大复兴的中国梦而奋斗的我国工运时代主题，做好维护职工群众切身利益工作。2014 年 4 月 30 日，总书记在乌鲁木齐接见劳动模范和先进工作者、先进人物代表，强调要把全心全意依靠工人阶级的方针落实好。2014 年 9 月 8 日，总书记作出重要批示，要求工会着力扩大覆盖面、增强代表性，着力强化服务意识、提高维权能力，着力加强队伍建设、提升保障水平。2015 年 4 月 28 日，总书记在庆祝“五一”国际劳动节暨表彰全国劳动模范和先进工作者大会上强调，要始终弘扬劳模精神、劳动精神，始终坚持人民主体地位，始终实现好、维护好、发展好最广大人民根本利益，始终高度重视提高劳动者素质。2015 年 7 月 6 日，总书记在中央党的群团工作会议上指出，要切实保持和增强政治性、先进性、群众性，组织动员广大人民群众更加紧密地团结在党的周围。2016 年 4 月 26 日，总书记在安徽合肥同知识分子、劳动模范、青年代表座谈时指出，要大力弘扬劳动精神，提倡通过诚实劳动来实现人生的梦想、改变自己的命运。2017 年 2 月 6 日，总书记主持召开十八届中央全面深化改革领导小组第三十二次会议，会议指出，要加快产业工人队伍建设改革，群团改革要继续在建机制、强功能、增实效上下功夫。2017 年 8 月 22 日，总书记对群团改革工作作出重要指示，要求各群团组织紧紧围绕增强“政治性、先进性、群众性”，直面突出问题，采取有力措施，敢于攻坚克难，注重夯实群团工作基层基础，努力开创党的群团工作新局面。2017 年 10 月 18 日，总书记在党的十九大报告中强调，要建设知识型、技能型、创新型劳动者大军，弘扬劳模精神和工匠精神，营造劳动光荣的社会风尚和精益求精的敬业风气。2018 年 4 月 30 日，总书记给中国劳动关系学院劳模本科班学员回信，希望广大劳模用干劲、闯劲、钻劲鼓舞更多的人争做新时代的奋斗者，号召全社会都应该尊敬劳动模范、弘扬劳模精神，让诚实劳动、勤勉工作蔚然成风。

习近平总书记的这些重要讲话、重要指示，深刻阐明了做好新形势下工会工作的重大意义、方向目标、基本要求，科学回答了工运事业和工会工作创新发展的一系列重大理论和实践问题，形成了习近平总书记关于工人阶级和工会工作的重要论述。对习近平总书记关于工人阶级和工会工作的重要论述的提法进行提炼和概括，是广大工会干部和职工群众的强烈愿望。在大量研究成果基础上，经过工会内外认真研究、逐步概括，工会十七大报告用“八个坚持”对习近平总书记关于工人阶级和工会工作的重要论述进行梳理和阐释。

（李睿祎）

41. 如何理解坚持党对工会工作的领导?

中国特色社会主义最本质特征是中国共产党领导，中国特色社会主义制度的最大优势是中国共产党领导，党是最高政治领导力量。坚持自觉接受党的领导是做好工会工作的根本政治原则和根本政治保证。

坚持党的领导，是工会的优良传统。中国现代工人运动是在中国共产党直接领导下发展起来的，中国工会自诞生之日起就将自己同党的事业紧密相联，团结动员广大职工群众围绕实现党的纲领和不同历史时期确立的中心任务，前仆后继、奋勇拼搏。

坚持党的领导，是工会的工作准则和具体要求，是法律的明确规定。我国宪法、工会法和工会章程明确规定，中国工会自觉接受党的领导。各级工会组织和广大工会干部必须始终不渝地自觉遵循，任何情况下都不能动摇。工会所有工作最终都要体现到引导职工群众自觉坚持党的领导和我国社会主义制度上来，体现到团结引导职工群众听党话、跟党走上来，通过扎实有效的工作让党的领导具体而深入地落实到职工群众中去，这是工会组织的政治责任。

坚持党的领导，要旗帜鲜明地讲政治。增强“四个意识”，坚定“四个自信”，坚决维护习近平总书记党中央的核心、全党的核心地位，坚决维护党中央权威和集中统一领导，始终在思想上政治上行动上同以习近平同志为核心的党中央保持高度一致。

坚持党的领导，要自觉服从服务于党和国家工作大局。牢牢抓住为实现中华民族伟大复兴的中国梦而奋斗这个我国工人运动的时代主题，围绕统筹推进“五位一体”总体布局和协调推进“四个全面”战略布局，把推动科学发展、实现稳中求进作为发挥作用的主战场，把做好新形势下职工群众工作、调动职工群众积极性和创造性作为中心任务，巩固党执政的阶级基础和群众基础，忠诚党的事业、竭诚服务职工。

坚持党的领导，要积极争取各级党委加强和改进对工会的领导。积极争取各级党组织把工会工作摆上重要位置，将工会组织建设纳入党建总体格局，健全党建带工建的领导机制和工作制度；定期听取工会工作汇报，帮助解决工会工作遇到的难题；选好配强工会领导班子，加大对工会干部培养力度；向政府争取更多资源和手段，切实改善工会工作条件，为工会更好地服务职工群众提供必要的物质保障。

（李睿祎）

42. 如何理解坚持全心全意依靠工人阶级?

工人阶级是我们党最坚实最可靠的阶级基础，是我国的领导阶级，是先进生产力和生产关系的代表。作为一支独立的政治力量，工人阶级一登上历史舞台，就显示出推动社会前进的巨大历史作用。在自己的先锋队中国共产党领导下，工人阶级积极投身革命、建设、改革的时代洪流，始终坚定地走在全民族伟大奋斗的最前列，勇挑重担，作出了彪炳史册的杰出贡献，充分发挥了先进阶级的重要作用。中国特色社会主义进入新时代，中华民族迎来了从站起来、富起来到强起来的伟大飞跃，这是包括工人阶级在内的广大人民在中国共产党领导下奋斗出来的。特别是党的十八大以来，在以习近平同志为核心的党中央坚强领导下，工人阶级在实现中华民族伟大复兴的中国梦的征程中众志成城、开拓进取，用劳动筑梦，以实干圆梦，推动党和国家事业取得全方位、开创性的历史性成就，发生深层次、根本性的历史性变革。

坚持全心全意依靠工人阶级是我们党的一贯主张，是我们党的一个突出政治优势，也是中国特色社会主义的一个鲜明特点。我们党自成立之日起，就把自己定性为工人阶级政党。在领导新民主主义革命、社会主义革命和建设、改革开放新的伟大革命的历史进程中，党始终高度重视依靠工人阶级。新中国成立前夕，中国革命即将取得全国性胜利，党的工作重心即将由农村转向城市，中国社会也即将由新民主主义社会逐步发展到社会主义社会，在这一关键的历史时刻，毛泽东同志在党的七届二中全会上提出，“我们必须全心全意地依靠工人阶级”。新中国成立后，我们党紧紧依靠工人阶级，顺利进行了社会主义改造，完成了从新民主主义到社会主义的过渡，确立了社会主义制度。社会主义革命和建设时期，我们党重视发挥工人阶级主力军作用，积极推进社会主义工业化进程，初步建立起独立的、比较完整的工业体系和国民经济体系。进入改革开放新时期以后，党中央旗帜鲜明地坚持依靠工人阶级方针。只要党的工人阶级先锋队性质没有改变、国家的社会主义性质没有改变，全心全意依靠工人阶级根本方针就不会也不可能改变。在新的历史条件下坚持全心全意依靠工人阶级方针，关系到巩固党的阶级基础和执政地位，关系到中国特色社会主义事业兴衰成败，也关系到中国工运事业的未来发展。

实现中华民族伟大复兴的中国梦，根本上要靠包括工人阶级在内的全体人民的劳动、创造、奉献。必须全心全意依靠工人阶级、巩固工人阶级的领导阶级地位，充分发挥工人阶级的主力军作用，做到在政治上保证、制度上落实、素质上提高、权益上维护。要紧紧围绕经济建设这个中心、发展这个第一要务，组织带领广大职工群众为实现经济社会发展目标建功立业，把广大职工群众主人翁精神充分激发起来，把工人阶级主力军作用充分发挥出来。

全心全意依靠工人阶级不能只当口号喊、标签贴，而要贯彻到党和国家政策制定、工作推进全过程，落实到企业生产经营各方面。各级党委和政府要把全心全意依靠工人阶级方针贯彻到经济、政治、文化、社会、生态文明建设以及党的建设各方面，维护和发展劳动者的利益，保障劳动者的权利，坚持社会公平正义，排除阻碍劳动者参与发展、分享发展成果的障碍，努力让劳动者实现体面劳动、舒心工作、全面发展。

（李睿祎）

43. 如何理解坚持为实现中华民族伟大复兴的中国梦而奋斗的工运时代主题?

我国工人运动是在党直接领导下发展起来的。纵观中国工会 90 多年、新中国成立近 70 年特别是改革开放 40 年来的发展历程，我国工人运动始终沿着党指引的方向前进，始终把实现党在不同历史时期确立的目标作为自身的历史使命和时代主题。在新民主主义革命时期，我国工人运动为实现民族独立、人民解放而奋斗。在这一时期，中国工会团结发动广大工人坚决贯彻党的方针，发扬大无畏革命精神，前仆后继、流血牺牲，团结动员广大工人为实现党提出的奋斗目标而斗争。在社会主义革命和建设时期，我国工人运动为建立和巩固人民当家作主的新政权、建立起独立的比较完整的工业体系和国民经济体系而奋斗。在这一时期，中国工会动员带领广大工人坚决响应党的号召，焕发国家主人翁精神，奋发图强、艰苦创业，为实现党和国家任务积极发挥作用。在改革开放新时期，我国工人运动为坚持和发展中国特色社会主义而奋斗。在这一时期，中国工会按照党推进中国特色社会主义伟大事业的总体要求，坚持围绕中心、服务大局，团结广大职工充分发挥工人阶级主力军作用，在党和国家工作大局中发挥了不可替代的重要作用。历史充分说明，我国工人运动始终与党领导的伟大事业紧密相连，始终是实现中华民族伟大复兴时代洪流的有机组成部分。

党的十八大以来，习近平总书记提出了为实现中华民族伟大复兴的中国梦而奋斗的宏伟愿景，指出我们比历史上任何时期都更接近中华民族伟大复兴的目标，极大地激发了全国各族人民团结奋斗的信心和决心。中国工会明确把为实现中华民族伟大复兴的中国梦而奋斗作为我国工人运动的时代主题。把握这一主题，是工人阶级发挥主力军作用、展现主人翁风采的重要体现，是工会组织围绕中心服务大局、体现价值彰显作为的重要途径。立足新时代，我国工人运动只有高举中国特色社会主义伟大旗帜，坚持以习近平新时代中国特色社会主义思想为指导，牢牢把握这一主题，才能坚持正确方向，引领历史潮流，迈向更加光辉灿烂的未来。

牢牢把握这一主题，是需要工会持久去做的一项重要工作，要做到普遍、长效、可持续，需要通过一些具体方法来推动，把蕴藏在亿万职工群众中的聪明才智激发出来。一是围绕“一带一路”建设、京津冀协同发展、长江经济带发展等国家发展战略，围绕打好防范化解重大风险、精准脱贫、污染防治三大攻坚战，广泛深入持久开展“当好主人翁、建功新时代”主题劳动和技能竞赛，深化“中国梦·劳动美”主题宣传教育，大力弘扬劳模精神、劳动精神、工匠精神，丰富和创新竞赛的领域、内涵、方式、方法、制度，增强广泛性、经常性、长效性，引导广大职工在不同领域各自岗位建功立业。二是在不同层级、不同地区、不同行业、不同岗位，探索不同的载体平台和方式方法，坚持职工主体地位，发挥职工积极性主动性创造性，广泛深入开展技术革新、技术协作、发明创造、合理化建议、网上练兵等群众性经济技术创新活动，创建“工人先锋号”，发挥“小发明、小创造、小革新、小设计、小建议”活动的优势，动员亿万职工群众为实现中国梦而奋斗。三是加强劳模和工匠人才创新工作室创建，深化技师学院、工匠学院建设，发挥劳动模范、大国工匠等高技能人才传帮带作用，把“大国工匠”品牌叫得更响、做得更实。

（邹广子）

44. 如何理解坚持中国特色社会主义工会发展道路？

习近平总书记强调，中国特色社会主义工会发展道路是中国特色社会主义道路的重要组成部分，深刻反映了中国工会的性质和特点，符合我国国情和历史发展趋势。要始终坚持这条道路，不断拓展这条道路，做到自觉接受党的领导、团结服务职工、依法依章程开展工作相统一，努力使这条道路越走越宽广。

中国特色社会主义工会发展道路，是在党的领导下，中国工会经过长期实践探索逐步形成的，是工会在各个历史时期理论、方针、政策和工作经验的集中概括，是中国特色社会主义道路在工会工作领域的具体展开，是工运事业和工会工作发展的正确方向。其内涵包括：坚持自觉接受党的领导、坚持工会的社会主义性质、坚持发展工人阶级先进性、坚持构建和谐劳动关系、坚持维护职工群众合法权益、坚持完善社会主义劳动法律、坚持推动形成国际工运新秩序、坚持以改革创新精神加强自身建设。

习近平总书记在2015年7月6日中央党的群团工作会议上指出，中国特色社会主义群团发展道路，是中国特色社会主义道路在群团工作领域的具体展开，是在党探索中国特色社会主义工会发展道路、中国特色社会主义青年运动方向、中国特色社会主义妇女发展道路的长期实践中形成和发展起来的，符合我国国情和历史发展趋势。做好党的群团工作，必须毫不动摇坚持中国特色社会主义群团发展道路，全面把握“六个坚持”的基本要求和“三统一”的基本特征。“六个坚持”的基本要求，就是坚持党对群团工作的统一领导，坚持发挥桥梁和纽带作用，坚持围绕中心、服务大局，坚持服务群众的工作生命线，坚持与时俱进、改革创新，坚持依法依章程独立自主开展工作。“三统一”的基本特征，就是各群团自觉接受党的领导、团结服务所联系的群众、依法依章程开展工作相统一。这些重要论述，深刻揭示了中国特色社会主义道路、中国特色社会主义群团发展道路、中国特色社会主义工会发展道路的内在关系，表明中国特色社会主义工会发展道路的“八个坚持”的精神实质与中国特色社会主义群团发展道路的“六个坚持”基本要求和“三统一”基本特征是一致的。

各级工会要坚定不移走中国特色社会主义工会发展道路，保持战略定力，增强坚持和拓展这条道路的责任心和使命感，坚定信念、增强信心，勇于实践、积极探索，把工会自觉接受党的领导、团结服务所联系群众、依法依章程开展工作高度统一起来，充分发挥工会组织联系职工群众的桥梁和纽带作用，最广泛地把职工群众组织起来、动员起来、团结起来，不断开辟中国特色社会主义工会发展道路的新境界。

（邹广子）

45. 如何理解坚持弘扬劳模精神、劳动精神、工匠精神?

劳模精神、劳动精神、工匠精神，是广大劳动群众在从事社会生产的劳动实践中锤炼形成的，是工人阶级和广大劳动群众弥足珍贵的精神财富。“爱岗敬业、争创一流，艰苦奋斗、勇于创新，淡泊名利、甘于奉献”的劳模精神，是工人阶级伟大品格的具体体现，生动诠释了社会主义核心价值观，丰富了民族精神和时代精神的内涵，是激励全国各族人民团结奋斗、勇往直前的强大精神力量。在我们党团结带领人民进行革命、建设、改革各个历史时期，广大劳动模范以高度的主人翁责任感、卓越的劳动创造、忘我的拼搏奉献，谱写出一曲曲可歌可泣的动人赞歌，为全国各族人民树立了光辉的学习榜样。劳动精神是关于劳动的理念认知和行为实践的集中体现，在理念认知上表现为全社会尊重劳动、崇尚劳动、热爱劳动；在行为实践上表现为劳动者辛勤劳动、诚实劳动、创造性劳动。工匠精神包括职业技能、职业素养、职业理念等多个层次，是一种钻研技能、精益求精、敬业担当的职业精神。

全面建成小康社会，实现中华民族伟大复兴的中国梦，必须依靠劳动，必须依靠广大劳动者。榜样的力量是无穷的，要在全社会贯彻尊重劳动、尊重知识、尊重人才、尊重创造的重大方针，大力宣传劳动模范和其他典型的先进事迹，引导广大人民群众向劳模学习，以劳模为榜样，把劳模精神、劳动精神、工匠精神作为勇往直前的精神力量，树立辛勤劳动、诚实劳动、创造性劳动的理念，营造劳动光荣的社会风尚和精益求精的敬业风气，让劳动最光荣、劳动最崇高、劳动最伟大、劳动最美丽蔚然成风，让全体人民进一步焕发劳动热情、释放创造潜能，不断谱写新时代的劳动者之歌。

（邹广子）

46. 如何理解坚持高举维护职工群众合法权益旗帜？

“坚持以人民为中心”是习近平新时代中国特色社会主义思想的基本方略之一。习近平总书记强调，人民立场是中国共产党的根本政治立场，要把人民拥护不拥护、赞成不赞成、高兴不高兴、答应不答应作为衡量一切工作得失的根本标准。工会要切实履行好维护职工合法权益、竭诚服务职工群众的基本职责，不断增强职工群众的获得感、幸福感、安全感。

一要坚决维护职工群众的合法权益。《中国工会章程》明确指出，“中国工会是中国共产党领导的职工自愿结合的工人阶级群众组织，是党联系职工群众的桥梁和纽带，是国家政权的重要社会支柱，是会员和职工利益的代表”。工会是经济关系、劳动关系矛盾的产物，维护职工合法权益是工会的天职。工会最大的优势是密切联系职工群众，最大的危险是脱离职工群众。工会要赢得职工群众的信赖和支持，就必须做好维护职工群众切身利益的工作，促进社会公平正义。哪里的职工权益受到侵害，哪里的工会就要站出来讲话，帮助职工通过正常途径，依法伸张利益诉求。

二要竭诚为广大职工群众服务。党的十九大深刻指出，中国特色社会主义进入新时代，我国社会主要矛盾已经转化为人民日益增长的美好生活需要和不平衡不充分的发展之间的矛盾。同过去相比，现在人民生活水平总体上有了很大提高，但职工群众在工作、生活、学习等方面还面临不少困难。对职工群众的各方面需求，政府包办不了，市场不能完全满足，这就是工会组织发挥作用的切入点。工会组织要适应新时代社会主要矛盾的变化，把职工群众对美好生活的向往作为工会新的使命，积极主动做好服务职工群众的工作，在维护职工劳动经济权益基础上维护好民主政治权利，在做好物质服务、生活服务的同时提供更高水平的精神和文化服务，努力为职工群众排忧解难，成为职工群众信得过、靠得住、离不开的知心人、贴心人。

三要不断发展中国特色和谐劳动关系。劳动关系是否和谐，事关广大职工和企业的切身利益，事关经济发展与社会和谐。工会是构建和谐劳动关系的重要推动力量，要突出重点、创新方法、积极作为、履职尽责，及时反映职工群众诉求和劳动关系方面存在的问题，提出解决问题的对策建议。要推动健全劳动法律法规体系，积极参与相关政策、标准和制度制定。推动建立健全协调劳动关系三方委员会，共同研究解决有关劳动关系的重大问题。依法推进企业普遍开展集体协商，帮助和指导职工签订劳动合同，加强对企业执行劳动合同制度的监督。健全完善以职工代表大会为基本形式的企业民主管理制度，丰富职工民主参与形式，畅通职工民主参与渠道，依法保障职工的知情权、参与权、表达权、监督权。

（邹广子）

47. 如何理解坚持增强政治性、先进性、群众性的工会改革方向？

中国工会是中国共产党领导的工人阶级群众组织，在各个历史时期，随着形势发展和党的中心任务的变化，中国工会在任务、职能及其机构设置、工作方式等方面都相应地不断变化调整。特别是进入改革开放新时期，改革成为时代的主旋律和最强音，成为决定中国前途命运的关键一招，与时俱进、改革创新更成为工运事业和工会工作的鲜明特色。

党的十八大以来，改革进入全面深化改革的新阶段。习近平总书记多次强调，时代在发展、事业在创新，工会工作也要发展、也要创新，要增强自我革新的勇气，下大气力解决突出问题，自觉运用改革精神谋划推进工会工作。推进工会改革，是从协调推进“四个全面”战略布局出发、加强和改进新形势下党的群团工作的一个重要举措，是党中央交给工会组织的一项重要政治任务。

2015 年 7 月 6 日至 7 日，中央党的群团工作会议召开，分析研究新形势下党的群团工作面临的新情况新问题，贯彻落实《关于加强和改进党的群团工作的意见》，总结成功经验，解决突出问题，推动改革创新，努力开创党的群团工作新局面。习近平总书记在会上强调，工会、共青团、妇联等群团组织一定要坚持解放思想、改革创新、锐意进取、扎实苦干，切实保持和增强党的群团工作和群团组织的政治性、先进性、群众性，组织动员广大人民群众更加紧密地团结在党的周围，把广大人民群众对美好生活的追求汇聚成强大动力，共同谱写实现“两个一百年”奋斗目标、实现中华民族伟大复兴中国梦的新篇章。在党的十九大报告中，习近平总书记又对工会组织改革创新提出新的更高要求，强调创新群众工作体制机制和方式方法，推动工会、共青团、妇联等群团组织增强政治性、先进性、群众性，发挥联系群众的桥梁和纽带作用，组织动员广大人民群众坚定不移跟党走。

推进工会改革创新，必须坚持保持和增强工会组织的政治性、先进性、群众性的工会改革方向，强化问题意识，着力解决“机关化、行政化、贵族化、娱乐化”突出问题，把工会组织建设得更加充满活力、更加坚强有力。要把保持和增强政治性放在第一位。坚持党的领导，坚决贯彻党的意志和主张，严守政治纪律和政治规矩，增强“四个意识”、坚定“四个自信”，坚决维护习近平总书记党中央的核心、全党的核心地位，坚决维护党中央权威和集中统一领导；全面把握中国特色社会主义群团发展道路“六个坚持”的基本要求和“三统一”的基本特征，坚持和拓展中国特色社会主义工会发展道路，让党的领导通过工会组织具体而深入地落实到职工群众中去。要把保持和增强先进性作为重要着力点。牢牢把握为实现中华民族伟大复兴的中国梦而奋斗的工人运动时代主题，并不断丰富其内涵，紧紧围绕党和国家工作大局，把亿万职工群众组织起来、动员起来、团结起来，始终作党执政的深厚阶级基础和群众基础、改革发展稳定的坚实依靠力量、实现中国梦的主力军。要把党的群众路线作为工会的生命线和根本工作路线，带着对职工群众的深厚感情履行工会组织的法定职责，采取有力的改革措施，更多地关注、关心、关爱普通职工群众，建立健全联系职工群众的长效机制，按照职工群众需求提供精准对路的服务，始终亮明中国工会服务职工群众、维护职工群众合法权益这面旗帜。

（廖枢权）

48. 如何理解坚持加强基层工会建设?

基层工会离职工最近，联系职工最直接，服务职工最具体，是工会工作的基础和关键。只有把基层工会真正做实做强，把工作落实到基层，把工作做到职工群众之中，工会才能履行法定权利和义务，真正发挥作用、体现价值。

近年来，随着经济社会的不断发展，职工队伍发生许多新变化，职工群众就业、生活、学习方式日益多元化，基层工会存在的问题日益凸显。比如，在组织覆盖上，在非公企业及一些新经济组织、新社会组织等职工集中的主要领域，企业建会率和职工入会率总体偏低，一些农民工、劳务派遣工游离于工会组织之外；在体制机制上，工作力量分布呈倒金字塔形，基层缺编制、缺经费、缺办公场所、缺工作人员等现象较为普遍，工会组织体制、运行机制与基层工会工作创新发展的迫切需要不相适应；在活动的内容方式上，与职工群众多样化的需求不相适应，在一些地方，工会组织吸引力不够，特别是对青年职工、农民工等吸引力不够等，与形势任务的要求、党中央的重托和职工群众的期盼仍有一定差距。面对基层工会存在的这些难题，必须加强基层工会建设。

加强基层工会建设，要大力健全基层工会组织。加大工会组建力度，在国有及国有控股企业、机关、事业单位实现工会组织全覆盖，在职工人数较多、规模以上企业工会实现工会组织全覆盖。加快新领域新阶层工会组织建设，把加强基层工会跟进组建、扩大吸收新会员作为工会工作的重点，促进工会组织向非公有制经济组织、社会组织延伸，最广泛地把农民工、劳务派遣工、灵活就业人员等职工群体组织到工会中来。创新工会组织形式和入会方式，加强乡镇（街道）、开发区（工业园区）工会建设，深入推进区域性、行业性工会联合会建设，积极探索自贸区等新经济体工会组织建设，实现工会组织体系向下延伸，最大限度组织职工入会。加强基层工会规范化建设，在巩固已有组织的基础上，推进基层工会提质达标。依法依规坚决制止、纠正企事业单位改革改制中随意撤并工会组织和机构、弱化工会地位和作用的行为。

加强基层工会建设，要充分激发基层工会活力。以职工群众为中心，让职工群众当主角，按照职工群众的“生物钟”来安排工作，吸引更多职工群众参加到活动设计、工作部署、先进表彰等工会工作中来，使工会工作更贴近基层、贴近职工群众，更符合职工群众意愿，让职工群众真正感受到工会是“职工之家”、工会干部是最可信赖的“娘家人”。注重工会组织的广泛性和代表性，从普通职工群众中选拔各级工会干部和工作人员，明显提高基层一线职工在工会委员会、代表大会以及工作人员中的比例。坚持眼睛向下、面向基层，真正做到工作重心下移，力量配备、服务资源向基层倾斜，把更多的人力、物力、财力投入到基层工会，把更多的工作精力投入基层一线，着力解决基层工会任务重、人手少、经费不足等实际问题。抓好基层工会带头人队伍建设，强化对基层工会干部的激励和保障，落实他们的待遇，使基层工会干部在政治上有地位、经济上有保障、履职上有保护、职业上有发展，保护和激发他们的积极性。

（廖枢权）

49. 如何理解习近平总书记关于工人阶级和工会工作的重要论述的关键是坚持党的领导?

中国特色社会主义最本质特征是中国共产党领导，中国特色社会主义制度的最大优势是中国共产党领导，党是最高政治领导力量。新时代坚持和发展中国特色社会主义的基本方略，把坚持党对一切工作的领导放在首要位置，强调党政军民学，东西南北中，党是领导一切的。坚持党的领导，是习近平新时代中国特色社会主义思想的核心要义。作为习近平新时代中国特色社会主义思想的重要组成部分，习近平总书记关于工人阶级和工会工作的重要论述，必然强调关键是坚持党的领导。

坚持党的领导，是由中国工会的性质、地位所决定的。中国工会是党领导的工人阶级群众组织，是党联系职工群众的桥梁和纽带，是国家政权的重要社会支柱，是职工利益的代表者和维护者。习近平总书记强调："工会工作做得好不好、有没有取得明显成效，关键看有没有坚持正确政治方向。坚持正确政治方向，就是要坚持中国共产党领导和社会主义制度。"只有坚持党的领导，工会工作才能方向明确、不走偏路，才能做得有声有色、扎实有效，才能把党的领导落实到广大职工群众中去，巩固和发展党执政的阶级基础和群众基础，这是做好工会工作的关键，在这个问题上必须旗帜鲜明、毫不动摇。

坚持党的领导，是工会的历史选择和优良传统。中国现代工人运动是在中国共产党直接领导下发展起来的。中国工会自诞生之日起就将自己同党的事业紧密相联，团结动员广大工人群众为实现党的纲领而不懈奋斗。无论是在革命年代、建设时期，还是在改革开放征程上，中国工会都始终紧紧团结在中国共产党的周围，动员广大职工群众围绕党的纲领和不同历史时期确立的中心任务，前仆后继、奋勇拼搏，艰苦奋斗、建功立业，谱写了壮丽的篇章。历史实践充分证明，坚持党的领导是做好工会工作的根本保证。

对工会组织来说，把职工群众最广泛最紧密地团结在党的周围，工会工作就是做得好，反之就是做得不好，这是工会组织同一般社会组织的根本区别，也应该成为衡量工会组织工作做得好不好的政治标准。如果口号喊得很响，实际上不落实，流于形式，那也不能算是坚持了党的领导，至少是坚持得不好、不得力。为此，工会必须以坚持党的领导为工作准则和具体要求，工会所有活动最终都要体现到教育引导职工群众自觉坚持党的领导和社会主义制度上来。工会要在党的领导下，积极主动、富有特色、创造性地开展工作，充分发挥党联系职工群众的桥梁和纽带作用，把广大职工和自己的先锋队紧密联系在一起，让党的领导具体而深入地落实到职工群众中去。

（廖枢权）

50. 如何理解习近平总书记关于工人阶级和工会工作的重要论述的根本是增强政治性、先进性、群众性?

习近平总书记关于工人阶级和工会工作的重要论述，其中有关工会增强政治性、先进性、群众性的阐释和要求，涉及面广、针对性强，剖析入微、鞭辟入里，直指工会工作的许多根本性、原则性、方向性问题，是习近平总书记关于工人阶级和工会工作的重要论述的根本所在。

政治性是工会组织的灵魂，是第一位的，决定着工会工作的发展方向。工会是党领导的职工自愿结合的工人阶级群众组织，旗帜鲜明地接受党的领导，是其重要的政治性特征。中国工会的光辉历程充分证明，离开了政治性，工会组织就容易产生脱离党的领导的倾向，就会庸俗化，就会成为一般的社会组织，甚至会走向歧途。保持和增强工会的政治性，体现在工会组织上就是必须自觉坚持党的领导，在大是大非问题面前立场坚定、旗帜鲜明，在关键时刻敢于冲锋陷阵、发声亮剑，自觉承担起团结引导群众听党话、跟党走的政治责任，把自己联系的群众最广泛最紧密地团结在党的周围，为夯实党执政的阶级基础和群众基础作出贡献；必须把正方向、引对道路，毫不动摇坚持中国特色社会主义工会发展道路，绝不能犯方向性错误。

先进性是工会工作的力量之源。工会是党领导的群众组织，是党联系职工群众的桥梁和纽带，党的先锋队性质赋予它所领导的工会组织具有天然的先进性；工会是工人阶级群众组织，工人阶级是先进生产力和生产关系的代表，工人阶级的先进性赋予它的群众组织先进性。保持和增强工会的先进性，必须牢牢把握为实现中华民族伟大复兴的中国梦而奋斗的时代主题，紧紧围绕党和国家工作大局，组织动员职工群众走在时代前列，在改革发展稳定第一线建功立业；必须始终站在党和人民的立场上，坚持为党分忧、为民谋利，把思想政治工作贯穿所开展的各种活动，多做组织职工、宣传职工、教育职工、引导职工的工作，多做统一思想、凝聚人心、化解矛盾、增进感情、激发动力的工作，自觉成为在职工群众中、在基层凝聚人心、坚守前哨、冲锋陷阵的战斗队、工作队，组织动员职工群众自觉捍卫中国共产党领导和我国社会主义制度。

群众性是工会组织的根本特点。离开了群众性，工会组织就容易走向官僚化、空壳化。回首历史，在革命时期，党领导的工会与广大职工共赴国难，为民族独立、人民解放作出历史性贡献；在建设时期，工会扎根于广大职工群众，为国家富强、人民幸福作出重大贡献；在改革开放新时期，工会立足于广大职工群众，为解放和发展社会生产力作出突出贡献，中国工会都始终与职工群众在一起，充分彰显了其深厚的群众性。保持和增强工会的群众性，必须克服重精英轻草根的倾向，进万家门、访万家情、结万家亲，经常同职工群众进行面对面、手拉手、心贴心的零距离接触，增进对职工群众的真挚感情，少搞一些强加于职工的活动，多提供一些对路的服务；必须大力健全组织特别是基层组织，探索以多种方式构建纵横交织的网络化组织体系；必须摆脱文山会海、走出高楼大院，深入基层、深入职工，争当全心全意为人民服务宗旨的忠实践行者、党的群众路线的坚定执行者、党的群众工作的行家里手。

（廖枢权）

51. 如何理解习近平总书记关于工人阶级和工会工作的重要论述的重点是维护职工权益、服务职工群众？

工会是经济关系、劳动关系矛盾的产物，维护职工权益、为职工群众服务是工会的天然属性和生命线，工会要赢得职工群众的信赖和支持，就必须做好维护职工群众权益、服务职工群众的工作。因为职工参加和组织工会的目的，就是期望工会能够代表和维护他们的利益。从这个意义上讲，维护职工权益是工会运动的普遍规律和一般要求。

保障工人阶级和广大劳动群众的经济、政治、文化和社会权益是我国社会主义制度的根本要求，是我们党和国家赋予工会的任务，也是发挥广大职工群众积极性、主动性、创造性最重要最基础的工作。在社会主义制度下，尽管全体人民的总体利益在根本上是一致的，但各种具体利益的差异和矛盾是普遍存在的，职工权益受到侵犯的现象时有发生，广大职工同样需要工会来代表和维护自己的利益。只有牢牢把握我国发展的阶段性特征，牢牢把握职工群众对美好生活的向往，通过积极有效的维权服务工作，才能使广大职工始终团结在党的周围，不断增强党的执政基础、巩固党的执政地位。

中国工会始终重视维护职工利益，在不同历史时期、从面临的实际出发，明确工会的职能，提出维护职工利益的工作要求，始终将维护职工权益的大旗牢牢掌握在手中，把竭诚为职工群众服务作为一切工作的出发点和落脚点。我国《工会法》《劳动法》《劳动合同法》等法律对工会维护职工权益均作出了具体规定，为工会开展维权工作提供了法律武器。因此，维护职工合法权益、服务职工群众体现了中国工会的性质和特点，反映了党的要求和职工群众的愿望。

当前，我国正处在深化改革开放、加快转变经济发展方式的攻坚时期，保障和改善民生，促进经济长期平稳较快发展和社会和谐稳定，是全党全国人民面临的艰巨任务。加快转变经济发展方式是一场关系全局的深刻变革，必然会对社会利益关系、劳动关系和职工利益的实现带来广泛而深刻的影响。而随着各方面改革的深入、对外开放的扩大和经济结构的调整，我国经济关系、劳动关系和社会利益关系将更加复杂多元，工会维权工作面临着一系列新课题新挑战。解决好职工群众最关心最直接最现实的利益问题，对于保持社会稳定和谐、抓住和用好我国发展的重要战略机遇期至关重要。这就迫切需要工会组织高举维护职工权益的旗帜，大力推动构建和谐劳动关系，加大维权服务工作力度，让工会在职工需要时能够看得见、找得到、信得过、靠得住，使所有工会组织都成为名副其实的“职工之家”，所有工会干部都成为职工群众信赖的“娘家人”、贴心人。

（吴　斌）

52. 如何理解和把握忠诚党的事业、竭诚服务职工？

中国工会既是党领导的职工自愿结合的工人阶级群众组织，更是重要的政治组织。中国现代工人运动是在中国共产党直接领导下发展起来的。中国工会自诞生之日起就将自己同党的事业紧密相联，团结动员广大工人群众为实现党的纲领而不懈奋斗。历史充分证明，只有在党的领导下，中国工人运动才能朝着正确方向前进，中国工会才能成为推动民族复兴、国家富强、人民幸福的时代洪流中的重要力量，中国工运事业才能蓬勃发展，不断从胜利走向新的胜利。对党忠诚，是对工会组织第一位的要求，是工会工作和工会组织政治性的集中体现。工会忠诚党的事业，就是要始终把自己置于党的领导之下，坚决维护习近平总书记党中央的核心、全党的核心地位，坚决维护党中央权威和集中统一领导，在政治立场、政治方向、政治原则、政治道路上始终同以习近平同志为核心的党中央保持高度一致。

在社会主义制度下，尽管全体人民的总体利益在根本上是一致的，但各种具体利益的差异和矛盾是普遍存在的，职工权益受到侵犯的现象时有发生，广大职工同样需要工会来代表和维护自己的利益。只有牢牢把握我国发展的阶段性特征，牢牢把握职工群众对美好生活的向往，通过积极有效的维权服务工作，才能使广大职工始终团结在党的周围。工会组织竭诚服务职工，既要体现在思想认识上，牢固树立以职工为本的价值取向和工作导向，又要在行动上勇作为、多作为、善作为，经常到职工群众中去，加强与职工群众的联系，增强做群众工作的本领，认真倾听职工群众呼声，了解职工的所思所想所忧所虑，释职工群众所疑，解职工群众所盼，加强维护职工合法权益、竭诚服务职工体制机制建设，切实为职工群众做好事、办实事、解难事，更好承担起团结引导职工群众听党话、跟党走的政治责任。

（吴　斌）

53. 如何立足新时代中国特色社会主义新方位，在实现党的十九大描绘的宏伟蓝图中贡献力量？

中国特色社会主义进入新时代，这是我国发展新的历史方位。这一重大政治论断，赋予党的历史使命、理论遵循、目标任务新的时代内涵，也赋予工会组织新使命、新目标、新要求，为工会深刻把握当代中国发展变革的新特征，增强贯彻落实习近平新时代中国特色社会主义思想特别是习近平总书记关于工人阶级和工会工作的重要论述的自觉性坚定性，提供了时代坐标和科学依据，具有重大现实意义和深远历史意义。

面对新的历史方位，党的十九大作出了在2020年全面建成小康社会的基础上，分两步走在本世纪中叶建成富强民主文明和谐美丽的社会主义现代化强国的战略安排，描绘了决胜全面建成小康社会、夺取新时代中国特色社会主义伟大胜利的宏伟蓝图，这是工人阶级的历史重任，也是工会组织必须肩负的庄严使命。当今世界正处于大发展大变革大调整时期，世界多极化、经济全球化、社会信息化、文化多样化深入发展，全球治理体系和国际秩序变革加速推进，我国面临的改革发展稳定任务之重、矛盾风险挑战之多、治国理政考验之大前所未有。特别是当前我国外部环境发生明显变化，世界经济不确定不稳定因素增多，对我国产生多领域负面冲击。站在新的历史起点上，工会组织必须牢牢把握为实现中华民族伟大复兴的中国梦而奋斗的工运时代主题，把团结动员亿万职工为实现党的十九大提出的目标任务建功立业作为新的历史使命，围绕稳中求进工作总基调，贯彻新发展理念，把握高质量发展这个根本要求，发挥自身政治优势、组织优势、制度优势、群众优势、资源优势，统一思想、凝聚力量，引导广大职工脚踏实地、艰苦奋斗、改革创新，在进行伟大斗争、建设伟大工程、推进伟大事业、实现伟大梦想中，努力创新创业创造，积极展现新时代奋斗者的新风采。组织动员广大职工积极参加“当好主人翁、建功新时代”主题劳动和技能竞赛，踊跃投身“一带一路”、京津冀协同发展、长江经济带发展等国家战略，在振兴实体经济、实现高质量发展，打赢防范化解重大风险、精准脱贫、污染防治三大攻坚战中发挥主力军作用。必须抓紧抓好提高职工队伍整体素质这项战略任务，坚持把推进产业工人队伍建设改革作为服务大局的重要抓手，推动落实提高技术工人待遇、终身职业技能培训制度、国有企业工资制度改革等政策举措，完善产业工人技能形成体系，畅通产业工人发展通道，拓展广大职工成长成才空间，引导广大职工树立终身学习理念，不断学习新知识、掌握新技能、增长新本领，在千帆竞发、百舸争流的时代洪流中展现风采，在报效祖国、服务社会的精彩人生中有所作为。

（逄国君）

54. 如何立足社会主要矛盾新变化，在不断满足职工群众美好生活需要中担当作为？

新时代我国社会主要矛盾已经转化为人民日益增长的美好生活需要和不平衡不充分的发展之间的矛盾。这是关系全局的历史性变化，深刻反映了我国社会生产和社会需要的新特点，指明了解决当代中国发展问题的根本着力点，为推动党和国家事业发展提供了科学准确的认识前提，也为新时代工会工作指明了发展方向、提出了新的实践要求。适应这一新变化，工会组织必须牢牢把握我国社会发展的阶段性特征，把不断满足职工群众的美好生活需要作为奋斗目标，勇于担当作为。

要深刻分析当前我国职工队伍规模不断壮大、结构深刻变化、素质逐步提升、权益得到实现的新状况，研究把握职工群众在收入分配、利益诉求、价值取向、思想观念等方面日益多样化、差异化的新特征，坚持以职工为中心的工作导向，针对社会主要矛盾变化对职工队伍的深刻影响，深化对职工队伍发展变化特点与规律的认识，研究解决职工在劳动经济、精神文化、民主法治、公平公正、安全环境等方面多样化的需求，协调不同职工群体之间的利益关系，更好促进职工体面劳动、舒心工作、全面发展。要高举维护职工合法权益的旗帜，认真履行维护职工合法权益、竭诚服务职工群众的基本职责，扎扎实实解决好职工群众最困难最忧虑最急迫的实际问题，在维护职工劳动经济权益基础上维护好民主政治权利，在做好物质服务、生活服务的同时提供更高水平的精神和文化服务，建设好工会服务职工阵地，构建服务职工体系，拓宽服务职工领域，不断增强服务职工群众的意识和能力，使改革发展成果更多更公平惠及职工群众。要善于运用互联网、云计算、大数据、物联网、人工智能等手段，通过“互联网＋”工会建设，构建工会智能化服务职工体系，走好网上群众路线，为职工群众提供普惠性、便捷性、精准性、常态化服务，形成线上线下相互融合的服务职工工作新格局。

（逄国君）

55. 如何立足共建共治共享社会治理新格局，在推动构建中国特色和谐劳动关系中履职尽责？

劳动关系是否和谐，事关经济发展与社会和谐，事关广大职工和企业的切身利益，是加强和创新社会治理的重要内容。当前，我国正处于经济社会转型期，劳动关系的主体及其利益诉求越来越多元化，劳动关系矛盾进入凸显期和多发期，特别是随着新一轮科技革命和产业变革不断深入，数字经济、共享经济等新业态蓬勃兴起，企业组织形式、管理模式、运作方式及用工方式等发生深刻变化，劳动关系的确立与运行、职工权益的维护和保障面临许多新情况新问题。

适应劳动关系变化新趋势，立足构建社会治理人人参与、人人尽责、人人共享的新格局，要求工会组织把推动构建中国特色和谐劳动关系作为工作主线，把解决广大职工最关心、最直接、最现实的利益问题，实现好、维护好、发展好他们的合法权益，作为构建和谐劳动关系的根本出发点和落脚点，切实保障职工的劳动报酬、休息休假、劳动安全卫生保护、社会保障等各项基本权益；坚持维权维稳相结合，运用法治思维和法治方式构建和谐劳动关系，及时研判劳动关系的新动向、新特征和新问题，积极化解劳动关系矛盾，推动把劳动关系建立、运行、监督、调处等环节纳入法治化轨道，最大限度增加和谐因素、最大限度减少不和谐因素，切实维护职工队伍团结统一与社会和谐稳定；坚持统筹处理好促进企业发展和维护职工权益的关系，适应经济形势新变化，推动企业开展创建和谐劳动关系活动，建立健全以职代会为基本形式的企事业单位民主管理制度、厂务公开制度和职工董事、职工监事制度，普遍开展工资集体协商，构建企业与职工命运共同体；坚持加强对劳动关系领域社会组织的政治引领、示范带动和联系服务，接长手臂、形成链条，为职工群众提供更多更好的精准服务，在加强社会治理制度建设、完善社会治理体制、提高社会治理水平中发挥工会的优势和作用。

（逄国君）

56. 如何立足全面深化改革新阶段，在构建联系广泛、服务职工的工会工作体系中开拓创新？

改革开放是实现中华民族伟大复兴的关键一招。我国40年来的快速发展靠的是改革开放，决胜全面建成小康社会、全面建设社会主义现代化国家也必须坚定不移依靠改革开放。党的十九大作出坚持全面深化改革的明确宣示，将全面深化改革总目标作为习近平新时代中国特色社会主义思想的重要内容并写入党章。党的十九届三中全会对深化党和国家机构改革作出重大部署，对群团组织改革提出了新的要求，全面深化改革步入了新阶段。工会改革是全面深化改革的重要组成部分。工会十六大以来特别是中央党的群团工作会议以来，全国总工会作为群团机关改革试点单位率先改革，围绕保持和增强政治性、先进性、群众性主线，眼睛向下、重心下移，取得了阶段性成果。工会系统改革扎实推进，改革态势良好，为工会工作创新发展提供了强劲动力。

站在新的起点上谋划未来，推动工会工作取得更大发展，必须以开拓创新的精神，继续深化工会改革。落实改革新任务，要求工会必须聚焦增强政治性、先进性、群众性，进一步优化工会的组织体制、运行机制、管理模式和工作方式，以坚定的政治性引导职工，增强“四个意识”、坚定“四个自信”，坚定不移听党话、跟党走；以鲜明的先进性组织职工，自觉服从服务党和国家工作大局，充分发挥好工人阶级的先进性和主力军作用；以广泛的群众性凝聚职工，把联系和服务职工群众作为工会工作的生命线，把工会组织建设成为“职工之家”，当好职工最可信赖的“娘家人”。要求工会必须着眼增强改革的系统性、整体性、协同性，上下联动、整体推进，优化工作职能，聚焦主责主业，破解制约工会工作创新发展的制度性障碍，形成联系广泛、服务职工的工会工作体系，不断增强工会团结教育、维护权益、服务职工功能。要求工会必须牢固树立落实到基层、落实靠基层理念，推动工会改革向基层延伸，着力夯实基层基础，增强工会组织活力；积极推进智慧工会建设，促进互联网和工会工作融合发展，以工会组织和工会工作有效覆盖的不断扩大，以工会工作服务领域、服务对象的不断拓宽，实现工会改革新起点上的新突破。

（逄国君）

57. 今后五年工会工作的主要任务是什么？

今后五年工会工作的主要任务，即全面贯彻党的十九大精神，以习近平新时代中国特色社会主义思想为指导，深入学习贯彻习近平总书记关于工人阶级和工会工作的重要论述，坚持走中国特色社会主义工会发展道路，坚定政治方向，凝聚奋进力量；着力推进产业工人队伍建设改革，充分激发职工劳动热情和创造活力；着力做好工会维权服务工作，切实提升职工群众获得感、幸福感、安全感；着力深化工会改革创新，全面增强政治性、先进性、群众性；着力提高工会系统党的建设质量，把工会组织建设得更加充满活力、更加坚强有力。

今后五年工会工作的每一项任务，都应着力从时代背景、现实问题、职工需求等角度去认识、理解和把握。第一，全面贯彻习近平新时代中国特色社会主义思想和党的十九大精神，这是工会工作的首要政治任务。要与学习贯彻习近平总书记关于工人阶级和工会工作的重要论述结合起来，着重掌握习近平新时代中国特色社会主义思想“八个明确”的丰富内涵和“十四个坚持”的基本方略，通过学习增强“四个意识”，坚定“四个自信”，做到“四个服从”，进一步增强维护习近平总书记党中央的核心、全党的核心地位，维护党中央权威和集中统一领导的思想自觉、政治自觉、行动自觉，更好地肩负起团结引导广大职工听党话、跟党走的政治责任。第二，充分激发职工劳动热情和创造活力，团结带领广大职工在国家经济社会发展中发挥工人阶级主力军作用，这是新时代赋予工会组织的新使命。要牢牢把握为实现中华民族伟大复兴的中国梦而奋斗的工运时代主题，广泛深入持久开展“当好主人翁、建功新时代”主题劳动和技能竞赛，大力弘扬劳模精神、劳动精神、工匠精神，扎实推进产业工人队伍建设改革，加快建设一支宏大的知识型、技能型、创新型产业工人大军。第三，维护职工合法权益、竭诚服务职工群众是工会的基本职责，提升职工群众的获得感、幸福感、安全感，工会组织责无旁贷。要坚持以职工为中心的工作导向，立足共建共治共享社会治理新格局，把推动构建中国特色和谐劳动关系作为工会工作主线，运用互联网、大数据、云计算、新一代人工智能等信息技术工具，提高工会维权服务工作的针对性和实效性。第四，坚持问题导向、着力深化工会改革创新，这是增强工会工作和工会组织政治性、先进性、群众性的必由之路。要在加强党的建设、改革领导机构、强化机关职能、改进干部管理、突出工会主业、推动力量资源向基层倾斜等重点领域和关键环节上抓紧抓好，以更大力度、更实举措推进工会改革创新。第五，提高党的建设质量，必将为工会工作提供重要的政治保证。要以党的政治建设为统领，全面加强工会系统党的政治建设、思想建设、组织建设、作风建设、纪律建设，把制度建设贯穿其中，推动工会系统党的建设取得新成效。要建设一支高素质专业化工会干部队伍，充分激发广大工会干部干事创业的积极性、主动性、创造性。

（陶志勇）

58. 如何推进习近平新时代中国特色社会主义思想在工会系统形成生动实践？

习近平新时代中国特色社会主义思想是全党全国各族人民为实现中华民族伟大复兴而奋斗的行动指南。这一思想，为推进新时代工运事业和工会工作提供了根本遵循，是各级工会组织和广大工会干部的强大思想武器。习近平总书记关于工人阶级和工会工作的重要论述深刻阐明了工会工作的地位作用、目标任务、实践要求，科学回答了工人阶级和工会工作的一系列方向性、根本性、战略性重大问题，为新时代工运事业和工会工作创新发展指明了前进方向，是习近平新时代中国特色社会主义思想的重要组成部分。

学习贯彻习近平新时代中国特色社会主义思想，要着重掌握“八个明确”的丰富内涵和“十四个坚持”的基本方略，着重掌握贯穿其中的马克思主义立场观点方法，推动学习贯彻习近平新时代中国特色社会主义思想往深里走、往实里走、往心里走。要与学习贯彻习近平总书记关于工人阶级和工会工作的重要论述结合起来，聚焦坚持党对工会工作的领导、坚持全心全意依靠工人阶级、坚持为实现中华民族伟大复兴的中国梦而奋斗、坚持中国特色社会主义工会发展道路、坚持弘扬劳模精神劳动精神工匠精神、坚持高举维护职工合法权益旗帜、坚持增强政治性先进性群众性的工会改革方向、坚持加强基层工会建设等内容，集中工会内外的力量，整合资源、多管齐下、精耕细作，深入研究阐释这些重要论述，不断推出具有重要理论影响和指导作用的研究成果。立足新时代中国特色社会主义新方位、社会主要矛盾新变化、共建共治共享社会治理新格局、全面深化改革新阶段，使习近平总书记关于工人阶级和工会工作的重要论述在工会各项工作中得到全面体现、全面落实，形成新的生动实践。

要健全完善传达学习制度，通过召开党组会议、党组理论学习中心组会议、干部职工大会等多种形式，努力使广大工会干部在第一时间学习习近平总书记重要讲话精神和党中央重要会议精神。工会领导干部要发挥示范和表率作用，带头学习、率先学习，先学一步、学深一点。建立完善日常学习制度，把学习贯彻习近平新时代中国特色社会主义思想贯穿于工会系统党建工作全过程，贯穿于“三会一课”、主题党日等各环节，通过举办专题培训班、研修班、集中轮训等方式加以制度化。建立健全密切联系基层和职工制度，向职工群众面对面宣讲，组织劳动模范和基层工会干部，结合职工群众普遍关注的热点现身说法，增进职工群众对习近平新时代中国特色社会主义思想的认知、理解、认同。充分发挥工会宣传教育阵地的优势和作用，运用好工会院校、工人文化宫、职工书屋以及报刊、出版物等阵地，开发、使用好互联网、移动终端等新媒体资源，与职工文化活动结合起来，进行立体化、互动式理论宣讲，增强学习实效，持续推进习近平新时代中国特色社会主义思想进教材、进课堂、进头脑。

（陶志勇）

59. 工会如何坚决维护习近平总书记党中央的核心、全党的核心地位，坚决维护党中央权威和集中统一领导？

坚决维护习近平总书记党中央的核心、全党的核心地位，坚决维护党中央权威和集中统一领导，是夺取新时代中国特色社会主义伟大胜利的根本政治保证，是坚持党的全面领导的最高政治准则，是党的政治建设最根本的要求、最重要的任务。我国工会作为党领导的重要政治组织，必须把坚决做到“两个维护”作为最大的政治、最大的大局，旗帜鲜明地予以坚持。

事在四方，要在中央。一个国家，一个政党，领导核心至关重要。党中央集中统一领导是党的领导的最高原则，关乎党和国家前途命运、关乎人民根本利益。习近平总书记是全党拥护、人民爱戴、当之无愧的领袖。坚决做到“两个维护”，是全党共同的政治责任。在党的十八大以来统揽“四个伟大”的波澜壮阔的斗争实践中，习近平总书记总揽全局、举旗定向、掌舵领航，推动党和国家事业取得了历史性成就、发生了历史性变革。党的十九大把“坚定维护以习近平同志为核心的党中央权威和集中统一领导”写入党章，以党内根本大法的形式固定下来，充分体现了全党的共同意志、全国人民的共同心愿，有利于确保全党全国步调一致向前进，战胜新的艰难险阻、夺取新的伟大胜利，有利于进一步增强党的领导力、号召力和创造力、凝聚力、战斗力，有利于党和国家事业兴旺发达、长治久安。

各级工会组织和广大工会干部特别是党员领导干部，要把坚决做到“两个维护”作为第一位的政治要求。全国总工会要带头坚决做到“两个维护”，建设让党中央放心、让职工群众满意的模范机关。要牢固树立政治意识、大局意识、核心意识、看齐意识，增强“两个维护”的思想自觉、政治自觉和行动自觉，做到思想上高度认同核心、政治上忠诚维护核心、组织上坚决服从核心、行动上自觉紧跟核心，时刻向习近平总书记看齐，向党中央看齐，向党的理论和路线方针政策看齐，向党中央决策部署看齐，在思想上政治上行动上同以习近平同志为核心的党中央保持高度一致。要自觉学习党章、尊崇党章、遵守党章、维护党章，认真贯彻执行《关于新形势下党内政治生活的若干准则》《中共中央政治局关于加强和维护党中央集中统一领导的若干规定》精神，坚持党对一切工作的领导。工会的任何工作都要以贯彻党中央决策部署为前提，坚定贯彻执行党的基本理论、基本路线、基本方略，做到党中央提倡的坚决响应、党中央决定的坚决执行、党中央禁止的坚决不做。要始终忠诚党的事业，竭诚服务职工，埋头苦干、锐意创新，牢牢把握工运时代主题，深入推进工会改革创新，切实履行工会使命担当，把坚决做到“两个维护”体现到贯彻党的十九大精神、落实工会十七大提出的任务上，确保党中央决策部署在工会系统不折不扣贯彻落实。

人心齐、泰山移。我国工人阶级是党最坚实最可靠的阶级基础，是社会主义国家的领导阶级。各级工会要切实肩负起团结引导职工群众听党话、跟党走的政治责任，自觉成为在职工群众中、在基层凝聚人心、坚守前哨、冲锋陷阵的战斗队、工作队，加强对职工群众的思想政治引领，深入进行有特色、接地气的宣讲，通过扎实有效的工作和活动，引导广大职工始终拥护核心、坚决拥戴领袖，更加紧密地团结在以习近平同志为核心的党中央周围，把坚持中国共产党领导和我国社会主义制度落实到广大职工群众中去，不断夯实党执政的阶级基础和群众基础。

（阳万雄）

60. 如何深化对习近平总书记关于工人阶级和工会工作的重要论述的研究阐释和实践运用？

习近平总书记关于工人阶级和工会工作的重要论述是习近平新时代中国特色社会主义思想的重要组成部分，为新时代工运事业和工会工作创新发展指明了前进方向。要着眼于新时代新要求，不断深化对习近平总书记关于工人阶级和工会工作的重要论述的研究阐释和实践运用，推进工会理论创新、实践创新、制度创新，使之在实践中展现出更强大、更有说服力的真理力量。

时代是思想之母，实践是理论之源。要深刻把握习近平总书记关于工人阶级和工会工作的重要论述与习近平新时代中国特色社会主义思想的内在联系，深刻认识这些重要论述的时代背景、形成过程、科学内涵、实践要求。要深化工运理论研究，综合运用哲学、经济、政治、社会、管理、法律等多学科知识，系统协同、博采众长，加强学理研究和规律阐释，着力研究事关工会工作全局的基础性、整体性、前瞻性问题，在重大思想观点、重大理论判断上深入挖掘，提高研究阐释的理论深度和科学化水平。要集中工会内外的力量，凝聚各方智慧，不断推出具有重要理论影响和指导作用的研究成果，更好把握新时代工会工作特点与规律，丰富和拓展中国特色社会主义工会发展道路。

理论的价值在于指导实践。要立足新时代中国特色社会主义新方位、社会主要矛盾新变化、共建共治共享社会治理新格局、全面深化改革新阶段，准确把握工会组织新使命、新目标、新要求，使习近平总书记关于工人阶级和工会工作的重要论述转化为做好工会工作的正确思路和务实举措，在工会各项工作中得到全面体现、全面落实，形成新的生动实践。要牢牢把握我国工人运动时代主题，围绕在决胜全面建成小康社会、全面建设社会主义现代化国家中如何更好保障工人阶级主人翁地位，在统筹推进“五位一体”总体布局和协调推进“四个全面”战略布局中如何充分发挥工人阶级主力军作用，深化研究探索。要落实以人民为中心的发展思想，围绕我国社会主要矛盾转化及其对工会维权服务工作提出的新要求，适应职工群众对美好生活的新需要，把握我国劳动关系的新形态、新特点、新矛盾、新走势，构建和谐劳动关系、维护职工合法权益深化研究探索。要坚持把改革创新作为工会工作发展的强大动力，围绕系统总结改革开放40年来工会改革创新的理论和实践，全面深化工会改革和产业工人队伍建设改革，增强团结教育、维护权益、服务职工功能深化研究探索，不断研究新情况、解决新问题、应对新挑战，推动工会工作创新发展。

实践出真知。要坚持党的群众路线，尊重基层首创精神，经常、广泛、深入开展调查研究，努力把职工队伍的真实情况掌握得更多一些、把工会工作的客观规律认识得更透一些，从职工群众的创造性实践中汲取营养，及时总结提炼基层经验，转化为工会理论和实践创新的不竭源泉，使工会理论植根于实践的沃土，建立在深厚的群众基础之上。

（阳万雄）

61. 如何团结动员广大职工以主人翁姿态建功立业?

党的十九大标定了中国特色社会主义进入新时代的历史方位，描绘了决胜全面建成小康社会、全面建设社会主义现代化强国的宏伟蓝图。各级工会要牢牢把握为实现中华民族伟大复兴的中国梦而奋斗的工运时代主题，以习近平新时代中国特色社会主义思想为指导，团结动员亿万职工为决胜全面建设小康社会、夺取新时代中国特色社会主义伟大胜利而奋斗，以主人翁姿态建功新时代。

一要加强对广大职工的思想政治引领。坚持以习近平新时代中国特色社会主义思想武装广大职工群众，以社会主义核心价值观为引领，深化“中国梦·劳动美”主题宣传教育，大力弘扬伟大民族精神和中华优秀传统文化，加强以职业道德为重点的“四德”建设，强化教育引导、实践养成、制度保障，把社会主义核心价值观融入职工生产生活各方面。加强形势任务教育，引导广大职工充分认识我国发展的光明前景，明确奋斗目标，增强发展信心，激发主人翁责任感、自豪感。创新思想政治工作方式方法，加快工会媒体融合，提高思想引领水平，春风化雨、润物无声，统一思想、凝聚力量，促进广大职工在理想信念、价值理念、道德观念上紧紧团结在一起。

二要深化劳动和技能竞赛。把握稳中求进工作总基调，树立新发展理念，适应高质量发展要求，着眼于建设现代化经济体系，引导广大职工以国家重大战略、重大工程、重大项目、重点产业等为主攻方向，以“当好主人翁、建功新时代”为主题，坚持职工主体地位，广泛深入持久开展多种形式的劳动和技能竞赛，深化“五小”等群众性经济技术创新活动，加强“工人先锋号”和班组建设，创新职工建功立业的载体平台，丰富活动内涵、强化示范引领，着力提高技术含金量，提升职工参与率和受益度，充分激发广大职工的积极性、主动性、创造性，为打好三大攻坚战、推进创新驱动发展、振兴实体经济、建设美丽中国贡献智慧和力量。

三要扎实推进产业工人队伍建设改革。坚持政治上保证、制度上落实、素质上提高、权益上维护的总体思路，积极履行工会牵头职责，加强统筹协调、分类指导、督促检查，以钉钉子精神抓好产业工人队伍建设改革方案的落实，着力推动完善产业工人技能形成体系，畅通产业工人发展通道，提升产业工人的政治待遇、经济待遇、社会待遇，努力造就一支有理想守信念、懂技术会创新、敢担当讲奉献的宏大的产业工人队伍。

四要大力弘扬劳模精神、劳动精神、工匠精神。充分发挥劳动模范、大国工匠等先进人物的示范引领作用，加强劳模和工匠人才创新工作室创建，叫响做实“大国工匠”品牌。创新劳模培养选树和管理服务工作，推动落实劳模政策，加强劳模教育培训，为劳模成长搭建平台、创造条件，做到政治上信任、工作上支持、生活上关心。持续开展先进模范学习宣传活动和大国工匠系列活动，厚植工匠文化，营造劳动光荣的社会风尚和精益求精的敬业风气，引导广大职工立足本职、爱岗敬业、拼搏奉献、追求卓越，让诚实劳动、勤勉工作蔚然成风。

（阳万雄）

62. 如何深化劳动和技能竞赛?

劳动和技能竞赛是激励劳动创造、提高职工素质的重要途径，是践行工运时代主题的重要载体。决胜全面建成小康社会、全面建设社会主义现代化强国，为工人阶级和工会工作提供了广阔舞台。要适应新时代新征程，突出高质量发展要求，广泛深入持久开展“当好主人翁、建功新时代”主题劳动和技能竞赛，把蕴藏在亿万职工群众中的聪明才智激发出来，凝聚起新时代的奋斗伟力。

一要丰富竞赛主题内涵。适应我国经济由高速增长阶段转向高质量发展阶段的新要求，把握稳中求进工作总基调，树立新发展理念，引导职工以国家重大战略、重大工程、重大项目、重点产业等为主攻方向，积极参与深化供给侧结构性改革，踊跃投身打赢防范化解重大风险、精准脱贫、污染防治三大攻坚战，践行绿色生产生活方式，促进传统产业转型升级和先进制造业加快发展，为推动高质量发展、建设现代化经济体系作出新贡献。要坚持质量第一、效益优先，突出技术创新和质量提升，紧紧围绕制造强国和创新驱动发展战略开展群众性经济技术创新活动，丰富竞赛领域和内涵，提升技术含金量，促进竞赛由“速度型”“体力型”向“效益型”“智力型”转变。

二要完善竞赛体制机制。完善以企业岗位练兵和技术比武为基础、以国家和行业竞赛为主体、国内竞赛与国际竞赛相衔接的劳动和技能竞赛体系，创新组织方式和运行机制，突出时代特征、区域特色、行业特性和单位特点，扩大竞赛在非公企业和农民工群体中的覆盖面和影响力，探索在新产业新业态中开展竞赛。坚持以职工为中心，突出职工主体地位，面向基层一线，紧扣企业生产经营实际，深化创建“工人先锋号”活动，推进班组建设，夯实竞赛活动的群众基础。尊重职工首创精神，让职工当主角，完善竞赛激励制度，推动职工创新成果和技能要素按贡献参与分配，动员职工群众参与竞赛方案的制定和过程监督，提升职工的参与率、受益度和获得感。

三要创新竞赛载体平台。适应不同层级、不同行业、不同岗位的实际，深入开展小发明、小创造、小革新、小设计、小建议等“五小”活动，组织动员职工群众参加技术革新、技术协作、发明创新、合理化建议、网上练兵等群众性经济技术创新活动。聚焦关键核心技术突破开展竞赛，建立健全以岗位创新、班组（团队）创新、劳模和工匠人才创新工作室为载体的职工创新体系，搭建职工创新成果评选、展示、交流平台，营造职工创新良好环境，引导职工树立时时可创新、处处可创新、人人可创新的理念，立足岗位开展创新，解决身边技术难题。充分利用“互联网＋”等现代化手段组织开展竞赛，增强竞赛的组织效率和吸引力感召力。

（阳万雄）

63. 如何以社会主义核心价值观引领广大职工？

社会主义核心价值观是当代中国精神的集中体现，凝结着全体人民共同的价值追求。习近平总书记强调，我国是一个有着13亿多人口、56个民族的大国，确立反映全国各族人民共同认同的价值观“最大公约数”，使全体人民同心同德、团结奋进，关乎国家前途命运，关乎人民幸福安康。面对新时代新要求，面对新征程新任务，工会必须站在巩固党执政的阶级基础和群众基础的高度，以培育担当民族复兴大任的时代新人为目标，在广大职工中持续深入地培育和践行社会主义核心价值观，夯实共同奋斗的思想基础。

一要突出工作重点。社会主义核心价值观涉及社会发展各方面，工会只有找准切入点和着力点，工作才能做到职工心坎上。要大力弘扬伟大民族精神，善于从中华优秀传统文化中汲取丰富营养，使其成为涵养社会主义核心价值观的重要源泉，引导广大职工勤于创造、勇于奋斗、善于团结、敢于梦想。要加强宪法学习宣传教育，引导广大职工增强法治观念、规则意识，自觉维护宪法法律权威，以实际行动成为社会主义法治的忠实崇尚者、自觉遵守者、坚决捍卫者。要充分发挥工会在职业道德建设中的独特作用，教育引导广大职工爱岗敬业、诚实劳动、勤恳工作、奉献社会，在平凡岗位上争创一流业绩、书写闪光人生。

二要强化载体建设。"中国梦·劳动美"主题宣传教育是工会加强职工思想政治引领的有效载体，在面向职工群众培育和践行社会主义核心价值观中发挥了重要作用，必须始终坚持这一工作品牌，善于运用生活化的场景、日常化的活动、具体化的载体，把思想性、知识性、趣味性有机统一起来，真正使主题宣传教育成为凝聚人心、提升素质、促进发展的助推剂。充分发挥工会院校、报刊、出版社、工人文化宫（俱乐部）、职工书屋、职工文艺舞台等文化宣传阵地作用，把社会主义核心价值观融入精神文化产品创作生产传播各环节，打造健康文明、昂扬向上的职工文化，潜移默化地增进职工群众对社会主义核心价值观的认同和践行。

三要创新方式方法。社会信息化、交往网络化是新时代的鲜明特点。互联网已经成为信息传递和舆论斗争的主战场，应把建好网络阵地作为抓好职工思想引领工作的战略性、基础性任务抓紧抓好，把工会意识形态工作的主导权牢牢掌握在手中。要适应互联网快速发展形势，善于运用网络传播规律，加快工会传统媒体与新媒体融合发展，充分运用职工喜欢和熟悉的时尚元素、话语体系，建设社会主义核心价值观的网上传播阵地，弘扬时代主旋律，传播网络正能量，推进社会主义核心价值观如春风化雨般融汇进脑、传播入心。

（赖金金）

64. 如何组织职工参与深化供给侧结构性改革？

深化供给侧结构性改革，是适应把握引领经济发展新常态的重大创新，是推动我国经济实现高质量发展的必然要求。党的十九大报告把深化供给侧结构性改革摆在贯彻新发展理念、建设现代化经济体系这一重要部署的第一位，符合国际发展大势和我国发展阶段性要求。组织职工参与深化供给侧结构性改革，是工会组织在经济建设主战场发挥作用、展现作为的重要内容。

一要凝聚改革共识。供给侧结构性改革，根本目的是提高供给质量，使供给能力更好地满足人民群众日益增长的美好生活需要。各级工会要充分运用工会报刊、网络平台、职工书屋等舆论宣传阵地，通过举办宣讲报告会、职工讲坛、主题演讲等多种形式，向广大职工群众讲清楚深化供给侧结构性改革有关政策，释疑解惑、增进共识，使他们清醒认识到改革有阵痛但不改革就是长痛的道理，清醒认识到改革根本上是为了实现和保障工人阶级的整体利益和长远利益。引导广大职工发扬工人阶级识大体、顾大局的优良传统，正确对待利益关系调整，形成合理心理预期，积极理解改革、支持改革、参与改革、推动改革，落实深化供给侧结构性改革的各项任务。

二要焕发劳动热情。深化供给侧结构性改革，根本上要依靠广大职工热情如火、同心同德的参与、努力和付出。各级工会要贯彻新发展理念，把握推动高质量发展、建设现代化经济体系的根本要求，围绕实施创新驱动发展战略，广泛深入持久开展多种形式的劳动和技能竞赛，推动竞赛向促进创新驱动发展、加快产业转型升级、建设制造强国等方面聚焦，组织动员广大职工积极投身打赢防范化解重大风险、精准脱贫、污染防治三大攻坚战，践行绿色生产生活方式，促进传统产业转型升级和先进制造业加快发展。推进产业工人队伍建设改革，大力弘扬劳模精神、劳动精神、工匠精神，使提高供给体系质量的理念深入到每个职工心中，把蕴藏于亿万职工中的无穷创造活力焕发出来，推动制造大国向制造强国、中国制造向中国智造转变。

三要维护职工权益。组织职工参与深化供给侧结构性改革，一项基础性、关键性的工作，就是在改革过程中维护职工合法权益。工会要把维权工作重心更多地放在保就业、保收入、保安全上，使职工群众在共建共享中有更多的获得感。健全协商协调机制，畅通职工诉求表达渠道，组织和代表职工积极参与有关改革政策方案的制定实施，充分反映职工意愿和要求，保障职工的知情权、参与权、表达权、监督权。协助党委和政府做好供给侧结构性改革中职工转岗安置、技能培训、生活保障等工作，依法维护职工劳动就业、收入分配、社会保障、劳动安全卫生等劳动经济权益。

（赖金金）

65. 如何进一步开展群众性经济技术创新活动?

群众性经济技术创新活动，又称“职工技术创新活动”，是工会组织职工群众开展的劳动和技能竞赛、合理化建议、技术革新、技术协作、发明创造等活动，旨在促进企业技术创新、服务改进、提质降耗、节能减排和加强管理，提高经济效益和工作效率。这一活动是全面实施创新驱动发展战略、加快建设创新型国家的有效手段，是工会组织围绕中心、服务大局的突出品牌，也是广大职工立足经济建设主战场建功立业的重要途径。新形势下开展群众性经济技术创新活动，要在扩大覆盖面、提高实效性、增强持续性上下功夫。

一要扩大覆盖面。长期以来，各级工会在提升职工参与率上进行了积极探索，先后涌现了技术革新、技术协作、发明创造、合理化建议、网上练兵以及“五小”活动（小发明、小创造、小革新、小设计、小建议）等做法，实践证明这些都是行之有效的工作品牌，必须长期坚持、不断拓展。要坚持职工主体地位，适应不同层级、不同地区、不同行业、不同岗位的实际，分门别类、因地制宜开展活动，特别是要积极推动创新活动向非公企业拓展，探索在新产业新业态新组织中开展创新活动，更广泛地调动和激发广大职工参与经济技术创新活动的积极性、主动性、创造性。

二要提高实效性。以提高职工技能水平、推动企业技术进步和促进经济发展为目标，深化劳模和工匠人才创新工作室创建，搭建职工创新网络载体，探索建立区域性职工创新成果库、职工创新人才库、职工创新联盟，发挥职工创新专项资金撬动作用，积极引导职工立足本职、岗位创新，投身原始创新、集成创新和引进消化吸收再创新实践。把增强职工创新意识、提高职工创新能力作为重要着力点，引导广大职工密切关注行业、产业前沿知识和技术进展，及时掌握新的科学文化知识和专业技术知识，激发创新才智、勇于创新实践，成为知识型、技能型、创新型劳动者。

三要增强持续性。加强与政府相关部门、协会组织、企业组织的联系与合作，群策群力做好群众性经济技术创新活动。要鼓励企业将创新活动纳入企业创新工作总体规划，从场地保障、人员配备、资金投入、设备设施、活动时间、奖励激励等方面给予大力支持，把职工的职业技术资格晋升、收入待遇与技能提升和创新业绩挂钩。企业工会要发挥承上启下的重要作用，为群众性经济技术创新活动开展提供指导帮助，及时研究解决工作中遇到的困难和问题，确保创新活动落地见效。要加强群众性经济技术创新活动开展的组织管理，把经济技术创新活动融入企业生产管理各环节，做到经常化日常化，通过及时解决企业生产过程难题，推动企业提高自主创新能力，促进群众性经济技术创新活动持续开展。要以班组为基本单位，以创建“工人先锋号”活动为抓手，不断提升班组建设水平。要加强各级职工技协组织建设，广泛开展技术交流、技术服务和技术应用等，推动职工技协更好发挥作用。

（赖金金）

66. 如何进一步推进产业工人队伍建设改革？

推进产业工人队伍建设改革，是党中央着眼于巩固党的执政基础、实施制造强国战略、全面提高产业工人素质作出的重大战略部署。党的十九大强调，要建设知识型、技能型、创新型劳动者大军，弘扬劳模精神和工匠精神，营造劳动光荣的社会风尚和精益求精的敬业风气；破除妨碍劳动力、人才社会性流动的体制机制弊端，使人人都有通过辛勤劳动实现自身发展的机会；注重从产业工人、青年农民、高知识群体中和在非公有制经济组织、社会组织中发展党员，等等。这些重要论述，对提高产业工人政治地位、加强产业工人思想引领、促进产业工人技能提升、拓宽产业工人发展空间、完善产业工人权益保障等提出了明确要求。产业工人队伍建设改革要在新时代新起点上实现新进展，需要继续从以下几个方面来努力。

一要提高思想认识。认真学习贯彻习近平新时代中国特色社会主义思想和党的十九大精神，学习贯彻习近平总书记给中国劳动关系学院劳模本科班学员的回信精神，把思想和行动统一到党中央的决策部署上来，站在服务党和国家工作大局的高度，站在巩固党执政的阶级基础和群众基础的高度，站在促进产业工人全面发展和我国经济社会持续健康发展的高度，以勇于担当的事业心、责无旁贷的使命感和奋发有为的创造性，把握政治上保证、制度上落实、素质上提高、权益上维护的总体思路，坚持党的领导、坚持服务大局、坚持以人为本、坚持问题导向的四项原则，扎实推进《新时期产业工人队伍建设改革方案》（以下简称《改革方案》）的贯彻落实。

二要突出改革重点。《改革方案》提出了五个方面25条有针对性的改革举措，在推进过程中要结合新任务新要求，推动产业工人队伍建设重点方向、重点领域取得新的突破。在加强产业工人思想引领方面，把学习宣传贯彻习近平新时代中国特色社会主义思想和党的十九大精神融入产业工人思想引领全过程，创新产业工人思想政治工作理念和方式载体。在加快产业工人技能提升方面，统筹发展好职业院校教育和职业培训，落实终身职业技能培训制度，向产业工人提供普惠性、均等化、贯穿学习和职业生涯全过程的终身职业技能培训。在提高产业工人待遇水平方面，把贯彻中共中央办公厅、国务院办公厅印发的《关于提高技术工人待遇的意见》作为重点，充分发挥政府、企业、社会协同作用，完善技术工人培养、评价、使用、激励、保障等措施，特别是突出工资激励和技能提升，厚植企业人力资本。

三要压实改革责任。把抓好改革落实作为向中央看齐的具体行动，严格落实工作责任制，层层传导压力、压实责任，做到有部署、有检查、有总结，使保障有措施、落实有分工、完成有时限、责任到个人。加强对贯彻落实《改革方案》的实地指导督查，做到改革推进到哪里、督查就跟进到哪里，更好发挥督查在打通关节、疏通堵点、提高质量中的作用。发挥牵头抓总作用，整合运用各方面资源，协调好各项改革举措的衔接配合，形成上下联动、条块结合的工作推进机制，体现改革的系统性、整体性、协同性，增强推进改革的工作合力。

（赖金金）

67. 如何加强产业工人队伍思想政治建设？

加强产业工人队伍思想政治建设是推进产业工人队伍建设改革的灵魂和基础，是夯实党执政的阶级基础和群众基础的有力抓手。立足新时代新起点，加强和改进产业工人队伍思想政治建设，有利于巩固党的执政地位，有利于不断强化产业工人的阶级意识、行使当家作主权利，筑牢共同奋斗的思想政治基础。

一要强化和创新产业工人队伍党建工作。在产业工人队伍中加大发展党员力度，对在产业工人中发展新党员给予适当政策倾斜，及时把产业工人队伍中的优秀分子吸收到党组织中来，尤其重视从技术能手、青年专家、优秀工人中发展党员，提高工人党员比例。各级党组织要探索不同类型企业党建工作方式方法，推进在非公有制企业、社会组织及小微企业就业的工人中发展党员的工作，充分发挥车间班组党组织的战斗堡垒作用和工人党员的先锋模范作用。注重推进“两学一做”学习教育常态化制度化，严格落实“三会一课”等党的组织生活制度，加强党员日常教育管理，引导工人党员进一步坚定理想信念，勇于担当作为，做“四讲四有”合格党员。

二要突出产业工人思想政治引领。坚持以社会主义核心价值观引领职工，深化“中国梦·劳动美”主题宣传教育，夯实产业工人的道路自信、理论自信、制度自信、文化自信。大力弘扬劳模精神、劳动精神、工匠精神，在全社会宣传产业工人的社会贡献与价值，使劳动光荣、技能宝贵、创造伟大成为社会主流价值观。大力弘扬伟大民族精神和中华优秀传统文化，在产业工人中加强以职业道德为重点的“四德”建设。加强制度机制建设，以研究制定加强和改进产业工人思想政治工作的意见为牵引，总结提炼实践中的好经验好做法，对工作流程、内容、环节进行标准化规范，形成规律性认识，不断提高职工思想政治工作质量和水平。

三要深化群众性精神文明创建活动。加强职工文化建设，发挥工会报刊、出版社、职工书屋、职工文艺舞台等文化阵地作用，打造健康文明、昂扬向上的职工文化。创新思想政治工作方式方法，充分运用职工喜欢和熟悉的时尚元素、话语体系，潜移默化地做好职工思想政治工作。加强面向产业工人的法治教育，加强宪法学习宣传教育，弘扬宪法精神，引导产业工人依法理性有序表达利益诉求，依法行使权利履行义务，坚决维护产业工人队伍团结统一和社会和谐稳定。

（李　羿）

68. 如何推动构建产业工人技能形成体系?

产业工人技能形成体系是指建立和完善包括技能投资制度、技能供应制度、技能评价和资格认证制度、技能使用制度、社会合作制度等在内的保障产业工人技能形成的制度体系。构建产业工人技能形成体系，就是要通过改革和完善职业教育和职业培训等相关制度，有效干预技能形成过程，形成有利于提高产业工人队伍技能水平的体制环境，为实施制造强国战略提供强大的技能支撑和人才保障。

一要发展高质量职业教育。坚持服务发展、促进就业的办学方向，完善人才培养体系，深化产教融合、校企合作，建设一批高水平职业院校和专业，提升人才培养质量。加强“双师型”教师队伍建设，打通校企人才双向交流渠道，吸引更多具有深厚理论知识和丰富实践能力的人才到职业院校任教。加快形成多元办学格局，统筹财政、税收、土地等政策，为企业兴办职业教育降成本、清障碍，调动社会力量参与职业教育的积极性。加强职业教育标准体系建设，推动学历、学位与职业资格及其他学习成果互认衔接。

二要加强职工技能培训。贯彻落实国务院颁布的《关于推行终身职业技能培训制度的意见》，面向产业工人提供普惠性、均等化、贯穿学习和职业生涯全过程的终身职业技能培训。结合新经济、新产业、新职业发展，适应我国产业升级和企业需要，加强职业培训标准化管理，全面推行国家基本职业培训包制度，保障培训的大规模普及推广。加大政府就业专项资金对职业培训补贴的支持力度，对企业培训提供税收优惠等政策支持，通过购买服务等方式对各类职业学校、跨企业培训中心等提供资助。加快推行企业新型学徒制，充分发挥企业主体作用，鼓励大企业自主开展职工职业技能培训，建设示范性高技能人才培养基地，逐渐形成以行业企业为主体、技工院校等职业院校为基础、学校教育与企业培养紧密联系、政府推动与社会支持相互结合的高技能人才培养体系。推广“互联网＋职业培训”新模式，满足职工个性化、多样化需求。

三要完善技能激励制度。落实《关于提高技术工人待遇的意见》，突出“高精尖缺”导向，提高高技能领军人才的政治待遇、经济待遇、社会待遇。健全人才评价体系，广泛宣传技术技能人才的劳动成果和价值，营造劳动光荣、技能宝贵、创造伟大的良好社会氛围。发挥政府相关部门的政策支持作用，制定更加有效的表彰激励政策。改进职业技能评价，建立第三方技能资格认证制度，增强技能评价制度的可信度。实施工资激励计划，完善符合技术工人特点的企业工资分配制度，探索技术工人长效激励机制，形成技能导向的收入分配制度，激发广大产业工人自觉提高技术技能素质的内生动力。

（李　羿）

69. 如何畅通产业工人发展渠道?

畅通产业工人发展渠道，对于促进产业工人职业发展、更好地成长成才具有重要意义，也将为充分调动产业工人的积极性主动性创造性，更好地投身经济社会建设搭建平台、铺平道路。

一要拓展产业工人发展空间。打通阻碍产业工人发展的各项制度性“梗阻”，打破产业工人成长成才的身份壁垒、价值体现壁垒、学习教育壁垒，打造产业工人发展的立体化发展空间。改革企业人事管理和工人劳动管理相区分的双轨管理体制，探索建立和完善统一的人力资源管理制度。打破产业工人职业转换、岗位调整、职位晋级的限制，建立职业技能等级与专业技术职务两种通道相互衔接、相互转换的管理机制，使符合条件的技术工人能够融入企业管理人员和技术人员行列。完善个人学习账号和学分累计制度，建立产业工人终身学习成果档案；整合教育和培训等各类证书、资格标准，实现等值、互认。

二要畅通产业工人流动渠道。健全和完善公共就业服务体系，丰富服务内容、拓展服务功能、完善服务手段，推进公共就业服务精细化、专业化和标准化，促进社会就业更加充分和社会人力资源配置更加优化。面向全社会提供统一、规范、高效的公共就业服务，方便各类劳动者求职就业和用人单位招聘用工，逐步实现地区间、城乡间基本公共就业服务均等化，构建起覆盖城乡的公共就业服务体系，为产业工人提供及时便捷的就业服务。建立政府部门宏观调控、市场主体公平竞争、中介组织提供服务、人才自主择业的人才流动配置机制和市场监管体制，完善市场服务功能，根据地区、产业发展需要促进劳动力资源的合理流动和有效配置。全面推进公共就业服务信息化建设，努力实现就业管理和服务工作全程信息化。加强工会就业服务体系建设，为产业工人特别是下岗失业人员、农民工等提供就业再就业服务。

三要搭建产业工人成长成才平台。改进劳动和技能竞赛体系，完善竞赛的组织、效能评估和激励机制，组织地方和产业工会开展专题竞赛活动和全国示范性竞赛创建活动，为产业工人搭建更多更好的竞技场。健全劳动和技能竞赛的分层分级工作机制，完善以企业岗位练兵和技术比武为基础、以国家和行业职业技能竞赛为主体、国内竞赛与国际竞赛赛项相衔接的劳动和技能竞赛体系。加大劳动和技能竞赛培养选拔技术工人工作力度，使广大产业工人在各级劳动和技能竞赛中实现技术提升、技能晋级、素质提高。加强网络学习平台和“互联网+”普惠性服务平台建设，通过互联网加强产业工人队伍的思想引领、技术交流、创新成果展示、文化建设等。加大对产业工人创新创效扶持力度，深化群众性经济技术创新活动，注重培养产业工人创新能力，营造鼓励产业工人创新创效的氛围。加强产业工人技能的国际交流与合作，拓展产业工人的国际视野，在与国外产业工人的互学互鉴、友好交流中增强本领、提升技能。

（李　羿）

70. 如何形成推进产业工人队伍建设改革合力？

推进产业工人队伍建设改革，是党中央着眼于巩固党的执政基础、实施制造强国战略、全面提高产业工人素质作出的重大战略部署，是一项系统工程。只有建立健全党委领导、政府负责、工会推动、企业和社会等共同参与的工作格局，政府、企业、社会和工会等各方面形成合力，才能为造就一支有理想守信念、懂技术会创新、敢担当讲奉献的宏大的产业工人队伍保好驾、护好航。

一要加强统筹协调。坚持党委统一领导，统筹协调财政、人社、教育、科技等部门，打破部门界限，突破体制瓶颈，整合资源，把产业工人队伍建设纳入国家和地方经济社会发展规划。加强对相关立法工作的协调，树立法治思维、用好法治方式、提供法治保障。强化产业工人队伍建设与宏观政策、产业政策、就业政策、社会政策联动，做好政策衔接、政策配套、政策创新，推动改革举措系统集成。加强政府在职业教育培训投入方面的主体地位，发挥财政资金的杠杆和撬动作用，引导社会多元投入，形成以政府投入为主、多渠道筹措经费的多元投入体系。

二要发挥企业主体作用。引导企业承担和落实职工教育与培训义务，通过岗位练兵、岗位培训、劳动和技能竞赛、建立职工创新工作室、劳模创新工作室等方式，开展多层次、多样化培训，为产业工人成长创造良好条件，培养更多高技能人才和大国工匠。深化校企融合的技能人才培养新模式，引导企业结合生产经营和技术创新需要，制定本单位人才培养规划和培训制度，让企业在结构调整升级和市场竞争中完成劳动者的职业转换。

三要努力营造良好社会氛围。中央和地方主流媒体要承担起社会责任，将推进产业工人队伍建设改革作为政治任务，创新宣传方式方法，拓展平台渠道，在重要版面、黄金时段和优秀栏目中加大对产业工人的宣传力度，进而引导各类新闻媒体大力宣传，形成主流价值导向，使全社会充分认识产业工人在全面建成小康社会中的地位作用，创造有利于产业工人成长的舆论环境。党政机关及其研究机构、高校、社会科学研究院所和社会各界要加强与工运理论研究部门的联系合作，加大产业工人问题科研力度，与时俱进地丰富发展工人阶级理论。

四要充分发挥工会作用。工会作为党领导的工人阶级群众组织，要以义不容辞的使命感、勇于担当的事业心和奋发有为的创造性，运用好各方面资源，努力推动产业工人队伍建设改革，切实肩负起团结引导亿万职工听党话、跟党走的政治责任。团结动员产业工人围绕党和国家的中心任务建功立业，充分发挥主力军作用；引导产业工人自觉践行社会主义核心价值观，汇聚实现中国梦的强大正能量；强化服务意识、提升服务能力，满腔热情地做好联系服务产业工人工作；旗帜鲜明维护产业工人合法权益，让改革发展成果更多更公平惠及广大产业工人。

（李　羿）

71. 如何营造劳动光荣的社会风尚和精益求精的敬业风气？

党的十九大强调，要建设知识型、技能型、创新型劳动者大军，弘扬劳模精神和工匠精神，营造劳动光荣的社会风尚和精益求精的敬业风气。各级工会要进一步加大宣传力度，充分发挥劳动模范和大国工匠的示范带动作用，着力推进产业工人队伍建设改革，建立健全有利于劳模精神、劳动精神、工匠精神养成的制度体系，让劳动光荣、创造伟大成为铿锵的时代强音。

一要加强舆论引导。抓住重大时间节点，在重要版面、黄金时段和优秀栏目加大舆论宣传力度，大力宣传劳动在推动经济社会发展中的重要作用，用工人阶级先进思想和模范行为影响和带动全社会，传递劳动最光荣、劳动最崇高、劳动最伟大、劳动最美丽的理念。深化“中国梦·劳动美”主题教育，深入研究和阐释劳模精神、劳动精神、工匠精神的丰富内涵，引导职工践行社会主义核心价值观，强化职工文化建设。创新舆论宣传的思路理念和方式方法，充分利用主流媒体、新媒体，开展分众化、互动式宣传。进一步打造和做强五一劳动奖、“工人先锋号”工作品牌，引导全社会尊重劳动、尊重劳动者、尊重劳动创造的价值。

二要搭建创新平台。围绕国家重大战略和三大攻坚战，以“当好主人翁、建功新时代”为主题，组织职工广泛深入持久开展多种形式的劳动和技能竞赛，焕发出火热的劳动激情和巨大创造活力。深化“五小”等群众性经济技术创新活动，创新竞赛形式，深化活动内涵，增加技术含金量。创建一批劳模和工匠人才创新工作室，深化新时代工匠学院建设，发挥劳动模范、大国工匠等高技能人才传帮带作用，为劳模和工匠人才发挥作用提供广阔舞台，努力建设知识型、技能型、创新型劳动者大军。

三要完善激励机制。推动完善产业工人技能形成体系，推动实施符合技术工人特点的分配制度和长效激励机制，提升产业工人的政治待遇、经济待遇、社会待遇。大规模开展职业技能培训，提升培训的针对性有效性。打造更多高技能人才，让更多的大国工匠不断涌现，在全社会营造劳动光荣、技能宝贵、创造伟大的时代风尚。

四要发挥劳模示范作用。坚持用劳模的崇高理想凝聚职工，用劳模的先进事迹感召职工，用劳模的高尚情操陶冶职工，用劳模的进取意识引领职工。组织劳模、工匠进学校、进课堂，进企业、进班组，推动劳模精神、劳动精神、工匠精神融入育人实践。持续开展大国工匠系列活动，展示大国工匠鼓舞人心的时代力量，进一步叫响做实“大国工匠”品牌，让诚实劳动、勤勉工作蔚然成风。创新劳模培养选树和管理服务工作，规范健全劳模、工匠人才等先进典型的培养选树机制，提升劳模、工匠人才的品牌价值，激励广大职工争做新时代奋斗者。

（步志昊）

72. 如何进一步做好劳模管理和服务工作?

劳动模范是民族精英、人民楷模，是亿万职工群众的优秀代表。在我国工人阶级发展壮大的过程中，劳动模范作为工人阶级的优秀分子、闪亮群体，一直是时代的引领者和领跑者，在各个时期都发挥了先锋模范和排头兵作用。做好劳模的管理服务工作，对更好地发挥劳模作用，激发广大职工群众学赶先进的热情和积极性，营造尊重劳模、关心劳模、学习劳模、争当劳模的良好社会氛围具有重要意义。

一要建立健全劳模管理服务工作制度。各有关部门要职责明确、各司其职，尽心尽力把劳模服务管理工作做深做细做实。建立健全服务劳模工作的管理制度、关爱制度、联系制度、教育培养制度，按照分级负责、分级管理的原则，做好劳模档案信息管理、劳模身份的认定和比照享受待遇等工作，摸清劳模的基本情况，及时为劳模提供有效服务。

二要为劳模发挥作用搭建平台。努力为劳模干事创业、发挥作用创造有利条件，鼓励和支持劳模搞好“传帮带”，向职工传授技术、业务知识。加强劳模和工匠人才创新工作室创建，深化技师学院、新时代工匠学院建设，研究制定全国示范性劳模和工匠人才创新工作室考核办法，多渠道多方式开展培训。打造劳动模范和大国工匠继续研修深造的教育平台，依托中国劳动关系学院等工会院校，做强、做专劳模本科教育，致力于提升广大劳模学员综合素质与职业能力，努力把他们培养成为高素质应用型专门人才。围绕新时代劳模精神、劳动精神、工匠精神的内涵和价值，新时代如何进一步提升劳模素质等进行深入研究、挖掘和阐释。提高各级党代表、人大代表和政协委员中的劳模比例，充分发挥他们在国家和社会事务管理、基层民主管理中的重要作用。

三要关心关爱劳模。关心劳模生活，落实好各项劳模待遇政策，及时帮助劳模解决生产、生活中遇到的困难，是劳模工作的一项重要内容。按照《关于进一步加强和规范劳模休养工作的通知》，做好劳模疗休养活动。组织劳模健康体检，努力为劳模提供便捷的医疗保健服务。推动落实劳模政策，切实解决劳模生活困难问题，做到政治上信任、工作上支持、生活上关心，将党和政府及工会组织的关心关爱送到劳模心坎上。

（步志昊）

73. 如何进一步加强源头参与工作?

工会源头参与是工会组织维护职工合法权益的重要举措，也是工会工作的重要内容。《工会法》第三十三条规定：“国家机关在组织起草或者修改直接涉及职工切身利益的法律、法规、规章时，应当听取工会意见。县级以上各级人民政府制定国民经济和社会发展计划，对涉及职工利益的重大问题，应当听取同级工会的意见。县级以上各级人民政府及其有关部门研究制定劳动就业、工资、劳动安全卫生、社会保险等涉及职工切身利益的政策、措施时，应当吸收同级工会参加研究，听取工会意见。”《工会法》的这些规定，从法律上保障了工会源头参与的权利。

一要主动参与立法和政策制定。推动劳动就业、收入分配、社会保障、安全生产和职业健康、集体协商、企业民主管理等涉及职工切身利益的法律法规政策制定和修改，特别重视维护困难职工、农民工、劳务派遣工、灵活就业人员等的合法权益。深入开展调查研究，充分反映职工的诉求和工会的意见建议，把劳动关系的建立、运行、监督、调处等环节纳入法治化轨道，从制度上、源头上保障职工群众利益。积极应对劳动关系、职工队伍发展变化和新就业形态蓬勃发展带来的机遇和挑战，加快修改完善《劳动法》和《劳动合同法》等法律法规，适时出台新的劳动关系认定标准和办法，推动完善适应新技术新业态新模式的劳动合同、劳务管理和社会保障制度，建立健全互联网平台用工等新就业形态劳动标准体系。

二要强化协商协调机制。推动完善政府、工会、企业共同参与的协商协调机制，健全政府和工会联席会议制度，把开好联席会议作为一项重要任务，根据实际情况及时修订完善联席会议制度相关内容条款，推广联席会议成功的典型经验，推动各地建立和完善联席会议制度。完善省、市、县三级地方及产业的协调劳动关系三方机制，并向乡镇（街道）、经济开发区、高新技术园区延伸，使三方机制工作更加贴近基层，面向企业和职工，能够及早发现、及时介入、直接解决劳动关系中的矛盾和问题。参与制定企业改革改制方案，落实好职工知情权、参与权、表达权、监督权，发挥好职工主人翁作用。

（步志昊）

74. 如何深化和谐劳动关系创建活动？

劳动关系是否和谐，事关经济发展与社会和谐，事关广大职工和企业的切身利益，是加强和创新社会治理的重要内容。随着新一轮科技革命和产业变革不断深入，数字经济、共享经济等新业态蓬勃兴起，企业组织形式、管理模式、运作方式及用工方式等发生深刻变化，劳动关系的确立与运行、职工权益的维护和保障面临许多新情况新问题。适应劳动关系变化新趋势，要求工会组织把推动构建中国特色和谐劳动关系作为工作主线，及时研判劳动关系的新动向、新特征和新问题，积极化解劳动关系矛盾。

一要把创建活动作为构建和谐劳动关系的重要载体。推动把构建和谐劳动关系纳入党委领导下的维护社会稳定工作机制，纳入国民经济和社会发展规划、政府目标责任考核体系。推动国家协调劳动关系三方开展全国模范劳动关系和谐企业和工业园区表彰，充分发挥其示范带动作用。

二要健全劳动关系协商机制。积极参与完善劳动力市场政策，以提质增效为重点深化集体协商工作，推动完善企业工资决定、正常增长和支付保障机制，促进职工工资随经济效益和劳动生产率同步增长提高。推动建立健全工时协商机制，科学制定行业劳动定额。

三要健全以职工代表大会为基本形式的企事业单位民主管理制度体系。深化“公开解难题、民主促发展”主题活动，推进厂务公开制度化、规范化，完善职工董事、职工监事制度，推进职工代表素质提升工程，提高企事业单位民主管理工作覆盖面和实效性。把职代会、集体协商、职工董事、职工监事制度等融入企业法人治理结构。

四要加强劳动关系矛盾监督和预防机制建设。推动完善劳动保障监察执法与工会监督联动工作格局，完善工会劳动法律监督“两书”制度，督促企业履行社会责任。健全工会劳动关系发展态势监测和分析研判制度，推动建立在线解决机制，提高专业性调处水平。加强劳动关系领域风险排查化解、应急处置，坚决维护职工队伍和工会组织的团结统一，坚决维护企业和社会大局和谐稳定。

（步志昊）

75. 如何进一步保障职工劳动经济权益？

职工的劳动经济权益是指职工在社会生产过程中作为劳动者所应有的劳动就业、收入分配、社会保障、安全生产和职业健康等方面权益的总称。劳动经济权益是职工最关心最直接最现实的利益问题，是党和政府高度重视的民生问题。各级工会要高举维护职工合法权益的旗帜，加强源头参与，推动涉及职工切身利益的法律法规政策的制定和修改，加大协调劳动关系力度，着力保障好职工的劳动经济权益。

一要维护职工劳动就业权益。推动落实就业优先战略和更加积极的就业政策，深化工会就业创业服务，促进创业带动就业，推动实现更高质量和更充分就业。做好供给侧结构性改革中职工转岗安置等工作，帮助就业困难人员尽快实现稳定就业。积极参与完善劳动力市场政策，督促落实劳动合同制度，推动劳动用工规范管理。促进社会性别平等，切实保护女职工合法权益和特殊利益。

二要维护职工工资分配权益。深化和谐劳动关系创建活动，以提质增效为重点深化集体协商工作，推动完善企业工资决定、正常增长和支付保障机制，促进职工工资随经济效益和劳动生产率同步增长提高。推动建立健全工时协商机制，科学制定行业劳动定额。推动落实农民工欠薪报告制度，推动解决拖欠农民工劳动报酬问题。

三要维护职工社会保障权益。促进构建多层次社会保障体系，扩大覆盖面，提高保障水平，推动解决职工漏保、断保问题，加强职工医疗互助。推动解决农民工社保转移接续等问题，逐步实现农民工平等享受城镇基本公共服务。做好困难职工帮扶工作，推动城市困难职工解困脱困融入国家脱贫攻坚大局，实施“四个一批”、精准帮扶。

四要维护职工安全生产和职业健康权益。开展以“安康杯”竞赛为载体的群众性安全生产和职业健康活动，进一步完善工会劳动保护监督机制。深入开展职业病防治工作，改善职工劳动安全卫生条件。

（吴　斌）

76. 如何更好在保障职工群众安全生产和职业健康权益中发挥作用?

习近平总书记强调，安全生产是民生大事，一丝一毫不能放松，要以对人民极端负责的精神抓好安全生产工作。各级工会要牢固树立安全发展理念，全面落实安全第一、预防为主、综合治理的方针，配合政府和企业开展安全隐患排查治理，加大职业危害防治力度，依法保障职工群众安全生产和职业健康权益。

一要广泛动员职工群众全面加强安全防范工作。积极组织开展群众性安全监督检查活动，组织动员广大职工群策群力、群防群治，从本职岗位做起，从自身做起，全面排查消除隐患，努力防范和遏制各类事故，促进安全生产形势根本好转。

二要加大对重点行业领域的劳动保护监督检查力度。针对矿山、交通运输、危险化学品、烟花爆竹、建筑施工、油气管道、冶金煤气、粉尘作业、“三合一”及人员密集场所等重点行业领域的工会劳动保护，加大监督检查力度，做到全覆盖、不留死角，对安全隐患、违法违规行为“零容忍”。建立完善隐患举报奖励制度，调动职工参与隐患排查治理工作的积极性、主动性。

三要依法维护和落实企业职工对安全生产的知情权、参与权和监督权。充分发挥企业职代会作用，在高危行业推行签订劳动安全卫生专项集体合同，确保涉及职工安全卫生合法权益的问题落到实处，以《工会劳动保护监督检查员工作条例》《基层工会劳动保护监督检查委员会工作条例》《工会小组劳动保护检查员工作条例》三个条例为基础，健全企业工会劳动保护监督检查组织网络，以班组安全建设为核心，以“安康杯”竞赛为载体，夯实企业安全生产基础，提高企业安全生产管理水平。

四要积极参与、协助政府及有关部门开展安全生产检查等工作。认真履行监督检查职责，主动监督、敢于监督、善于监督，对监督检查中发现的重大问题，督促、跟踪企业及时整改。

五要强化职工劳动安全卫生宣传教育。广泛开展形式多样的安全生产教育和文化活动，帮助职工学习掌握国家劳动安全卫生法律法规和相关政策，增强职工应对突发事故的能力，打牢安全生产和职业健康的群众基础。

（吴　斌）

77. 如何进一步加强工会农民工工作？

习近平总书记强调，工会要加大做农民工工作的力度，最大限度把农民工吸收到工会组织中来，通过发挥工会的作用，把广大农民工团结在党的周围。各级工会要提高政治站位，健全完善工会农民工维权服务体系，把农民工工作抓紧抓实抓出成效。

一要将农民工工作摆在更加突出的位置。农民工已经成为我国工人阶级的重要组成部分，为推动我国经济社会发展作出重大贡献，其权益不断得到实现。但也要看到，农民工的就业稳定性、权益保障水平和组织化程度等还有待进一步提高。各级工会要把农民工工作摆上工会工作的重要日程，加强和创新服务农民工工作，经常抓、反复抓、深入抓，把工作做到农民工心坎上，使农民工成为工人阶级坚定可靠的新生力量，成为党执政的坚实社会基础。

二要扩大工会组织对农民工的覆盖面。认真落实《中华全国总工会农民工工作规划（2016—2020 年）》，深入开展“农民工入会集中行动”，推进新兴产业、现代农业企业和社会组织建会，把劳务公司作为重要突破口，做好重点领域组织农民工入会工作。推广组织返乡农民工、农业合作社农民工加入工会的经验做法，创新农民工入会方式方法，开辟网上宣传引导入会、在线申请入会、手机 App 申请入会等新渠道，加强农民工输出地和输入地工会协同配合发展农民工入会，完善农民工会员会籍管理。加强与人社、住建、工商联、企联和行业协会等的沟通合作，整合资源，多渠道助力农民工入会，最广泛地把农民工组织到工会中来，着力提高农民工的组织化水平。

三要切实维护农民工劳动经济权益。及时分析研判经济发展新常态下劳动关系发展态势，针对农民工就业培训、收入分配、社会保险、融入城市等方面遇到的困难和问题开展调查研究，摸清底数，研究对策，积极参与涉及农民工利益的法律法规和重大政策的制定并推动实施。配合有关部门对农民工工资支付、社会保险、安全生产和职业健康等开展督导检查，推动相关政策落实。

四要进一步提高服务农民工质量。多渠道多层次多角度为农民工提供就业、教育培训、工资支付保障、社会保障、劳动安全卫生等服务。利用网络平台，打造服务职工的新媒体矩阵和方便快捷、务实高效的服务通道。依托“技能培训促就业”“阳光就业”“医疗互助活动”“送温暖”“金秋助学”等工会品牌活动，着力打造以3500余个县级以上帮扶中心、20多万个帮扶站点为线下实体，以“互联网+”为线上平台，线上线下互补互促的全方位多层次服务职工工作体系。通过项目购买、项目补贴、项目奖励等方式，引导相关社会组织开展针对农民工的特色服务，提升服务项目专业化程度和工作效能。总结推广工会组织在党委、政府支持下，广泛利用社会资源，与爱心企业合作建设爱心驿站的先进经验，为农民工集中的快递员、环卫工等群体提供及时便捷的服务，让农民工充分感受到党和政府的关怀和工会组织的温暖。

（徐田成）

78. 如何进一步做好女职工合法权益和特殊利益保护工作?

中国工会十七大报告提出，切实保护女职工合法权益和特殊利益。维护女职工合法权益和特殊利益是工会组织的重要职责，这既是党对工会组织提出的要求，也是广大女职工的迫切愿望。

一要建立健全女职工维权工作机制。工会组织要坚持主动科学依法维权，使工会维护女职工权益的内容和方式制度化、法治化。通过多种渠道参与涉及女职工合法权益和特殊利益的国家和地方立法及政策制定，通过工会组织中的人大代表和政协委员提出立法建议、议案和提案，参与法律、法规草案研究、审议和修改；在工会与政府、企业代表进行劳动关系三方协商等过程中，发挥工会女职工组织的作用。

二要推动法律法规的贯彻落实。积极推进《劳动法》《劳动合同法》《妇女权益保障法》《工会法》及《女职工劳动保护特别规定》等法律法规的贯彻落实，加强与政府、行政部门的沟通与合作，主动配合人大、政协及劳动部门开展有关的执法检查，参与督促整改。以开展联合调查、开设女职工维权热线等方式，对侵害女职工权益的行为进行监督，杜绝侵害女职工合法权益和特殊利益现象的发生。

三要加大为女职工办实事解难事工作力度。深入研究经济发展新常态下，特别是供给侧结构性改革以及实施全面两孩政策下女职工劳动就业、劳动保护、生育保障等权益实现问题，高度关注企业关停并转迁过程中女职工权益维护问题，及时掌握女职工权利诉求、发展需求。大力实施女职工“关爱行动”，深入了解掌握女职工生产生活状况，实实在在帮助女职工解决就业和生活上遇到的矛盾、困难和问题。建立完善特困女职工档案，深入开展“助学活动”、“姐妹献爱心”活动、女职工特殊疾病互助保障工作，提高女职工的健康水平和保健意识。进一步研究探索对单亲困难女职工的帮扶、救助措施，着力做好单亲困难女职工的帮扶解困工作。

四要提升工会女职工组织的吸引力凝聚力战斗力。着力推进非公有制经济组织、社会组织和乡镇（街道）、开发区（工业园区）、自贸区工会女职工组织建设，扩大工会女职工组织对新领域新阶层的有效覆盖。结合新情况新问题，探索创新工会女职工工作的理念思路、内容形式、方式方法，赋予工会女职工工作新活力。进一步加强工会女职工工作队伍建设，为做好女职工合法权益和特殊利益保护工作提供人才支撑。

（徐田成）

79. 如何进一步完善集体协商制度?

党的十九大报告明确提出，要完善政府、工会、企业共同参与的协商协调机制，构建和谐劳动关系。工会十七大报告指出，要以提质增效为重点深化集体协商工作。进一步完善集体协商制度，有效发挥其协调劳动关系的基础性作用，是贯彻落实党的十九大精神、实现工会十七大提出的目标任务的题中应有之义。

一要源头参与，健全法律制度。强化制度保障的维权理念，推动健全集体协商法律法规，切实把劳动关系的建立、运行、监督、调处的全过程纳入法治化轨道。加大参与国家层面劳动法律法规制定完善的力度，参与深化收入分配制度改革相关政策的研究和制定。加强国家协调劳动关系三方机制建设，进一步加强劳动关系分析研判和预警。积极参与地方劳动法规和政策制定，加强各地工资指导线、最低工资标准及劳动标准的制定和监督，不断完善维护职工权益的法规、政策和制度，为基层开展集体协商提供政策和技术支持。

二要提质增效，推动工作创新。在普遍建制的基础上，积极适应形势变化要求，探索创新制度机制，重在解决职工群众的合理诉求和实际问题。围绕推动产业工人队伍建设改革开展协商，引导提高技术工人待遇，打破管理人员、研发人员和技术工人之间的身份壁垒，建立待遇标准比对机制。创新工作指导方式，监测职工生活成本、劳动力市场趋势等数据，开发政策和数据工具包，强化对基层开展集体协商的指导服务。

三要发挥优势，突出行业集体协商。建立中小企业集体协商机制是深化集体协商的重要工作任务。要把推进行业集体协商作为重点工作，加强调查研究，制定具体推进方法和目标，因地制宜，先易后难，逐步推开。推进产业集聚地区（园区）行业劳动定额、最低工资、工种指导价等劳动标准的制定工作，充实行业协商内容，增强行业集体协商的针对性、实效性。加大县以下行业集体协商的推进力度，总结成功经验，适时加以推广。

四要密切协作，增强工作合力。积极争取各级党委和政府的重视支持，密切劳动关系三方的合作，推动集体协商制度建设纳入党政主导的维权工作大局，推进工会维权工作的保障机制不断完善。深入宣传推进集体协商工作在化解劳动关系矛盾、维护职工队伍稳定和提升职工技能素质、助力经济结构转型中的重要意义，增强企业、职工和社会各界对集体协商重要性的认识，进一步凝聚社会共识，为开展集体协商工作创造良好的社会环境。

五要夯实基础，强化队伍建设。加强集体协商指导员特别是专职指导员队伍建设，管好用好这支队伍，是确保今后集体协商工作提质增效、创新发展的关键所在。要根据本地区实际，加大投入力度，分级配齐专职指导员。加强指导员的选聘、管理、培训和考核机制建设，不断提升素质和能力。建立健全专职指导员考核激励机制，强化目标责任和目标考核，努力推动指导队伍健康发展。

（徐田成）

80. 如何进一步完善以职代会为基本形式的民主管理制度?

完善以职代会为基本形式的民主管理制度，是构建中国特色和谐劳动关系的重要举措，是建立现代企业管理制度、增强企业发展活力的客观要求，是推进社会主义协商民主建设的重要内容。要从坚持和发展中国特色社会主义、巩固党的阶级基础和扩大党的群众基础的高度出发，完善以职代会为基本形式的民主管理制度，保障职工参与管理和监督的民主权利。

一要融入中国特色现代企业制度。把富有中国特色的企业民主管理纳入现代企业制度的体制框架和制度设计之中，推动民主管理制度写入公司章程和融入企业管理制度，严格规范其作为公司治理结构主体的权责。企业在重大决策上要听取职工意见，涉及职工切身利益的重大问题必须经过职代会审议。深入推进厂务公开，推动将厂务公开与上市公司的信息披露相结合。深入开展“公开解难题、民主促发展”主题活动，坚持和完善职工董事制度、职工监事制度，鼓励职工代表有序参与公司治理。

二要着力加强规范化法治化建设。抓住职工代表大会提案征集处理、涉及职工切身利益重大事项必须经职工代表大会审议通过、职工代表大会民主评议监督的关键环节，落实好职工代表大会的职权。建立健全监督考核评价机制，深入开展创建厂务公开民主管理示范单位活动，完善有关企事业单位民主管理制度的运行标准、实施细则，逐步做到组织健全、制度完善、内容丰富、程序规范、形式多样、运行良好、成效显著。持续推进全国层面的企事业单位民主管理立法工作，积极推动尚未出台民主管理立法的省份加快进程，鼓励指导各地对已出台的立法进行修订完善，积极配合做好人大执法检查、政府行政监察和政协视察。

三要坚持分类指导精准施策。发挥国有、集体及其控股企业的示范带头作用，不断提高民主管理工作质量水平。把非公有制企业和进行公司制改革的企业作为工作重点，加大工作推动力度。有效运用网络技术和新媒体，增强民主管理工作的吸引力和凝聚力。加大培训力度，坚持典型引路，支持基层探索创新，形成更多可复制可推广的经验做法。加大舆论宣传，夯实思想认识基础，营造良好氛围。

（徐田成）

81. 如何参与社会治理创新?

党的十九大报告指出，要加强社会治理制度建设，完善党委领导、政府负责、社会协同、公众参与、法治保障的社会治理体制，提高社会治理社会化、法治化、智能化、专业化水平。加强和创新社会治理，维护社会和谐稳定，是贯彻习近平新时代中国特色社会主义思想的重要举措。劳动关系是否和谐，事关经济发展与社会和谐，事关广大职工和企业的切身利益，是加强和创新社会治理的重要内容。工会作为职工群众组成的成员最为广泛的社会团体，作为劳动关系一方职工利益的代表者维护者，参与社会治理创新是工会的一项重要职责。

中国工会十七大报告强调，要立足共建共治共享社会治理新格局，在推动构建中国特色和谐劳动关系中履职尽责。这就要求工会组织把构建中国特色和谐劳动关系作为工作主线，深入研究劳动关系领域存在的突出问题，运用法治思维和法治方式协调劳动关系，最大限度增加和谐因素、最大限度减少不和谐因素，在完善社会治理体制与提高社会治理水平中发挥工会的优势和作用。

一要依法维护职工权益。加强源头参与，切实维护职工劳动经济权益，深化和谐劳动关系创建活动，不断增强维权实效。自觉把工会维权工作纳入党政主导的维护群众权益机制，抓住劳动就业、技能培训、收入分配、社会保障、安全生产和职业健康等问题，着重关注和推动解决一线职工、农民工、困难职工等群体在生产生活中遇到的实际困难。

二要推动健全劳动关系协调机制。推动完善政府、工会、企业共同参与的协商协调机制，发挥好政府和工会联席会议制度的作用，研判劳动关系和就业形态的新特征，共同研究解决有关劳动关系的重大问题。依法推动企业普遍开展集体协商，发挥集体协商制度对调整劳动关系的基础性作用。帮助和指导职工签订劳动合同，推动劳动用工规范管理。完善劳动关系矛盾调处、预防预警和应急处置机制，特别是要依法大力推进企业劳动争议调解委员会和区域性、行业性劳动争议调解组织建设，积极化解劳动关系矛盾，构建企业与职工命运共同体，维护职工队伍团结统一与社会和谐稳定。

三要推进企业民主管理。健全以职工代表大会为基本形式的企业民主管理制度体系，积极稳妥推进非公有制企业民主管理制度建设。推进厂务公开制度化、规范化，不断丰富职工民主参与形式，畅通职工民主参与渠道，提高职工民主管理、民主参与的实效，依法保障职工的知情权、参与权、表达权、监督权。

四要加强对劳动关系领域社会组织的政治引领、示范带动和联系服务。通过项目合作、购买服务等社会化、市场化方式，引导社会组织为职工提供专业化服务。加强劳动关系矛盾预防和化解机制建设，注重总结推广经验，健全联动机制，推动劳动关系矛盾调处工作，加强劳动关系领域风险排查化解、应急处置，努力维护社会大局稳定。

（杜德军）

82. 如何进一步健全劳动关系矛盾预防和化解机制?

当前，我国职工队伍和社会总体和谐稳定，但劳动关系领域仍面临许多新的挑战，劳动关系矛盾日趋复杂，需要尽快建立完善符合劳动关系运行规律的矛盾多元化解机制。工会要充分发挥职能作用，进一步健全劳动关系矛盾预防和化解机制，推动构建和谐劳动关系。

一要建立完善多方合作的联动机制。总结推广源头治理劳动关系纠纷经验，建立健全工会、法院、人社、司法联动机制，健全信息互通和资源共享机制，整合优质资源、弥补自身短板，推进基层调解、仲裁调解、司法调解联动工作体系建设，完善劳动争议处理制度，通过协商、调解、仲裁、诉讼等方式，推动“被动化解”转向“主动预防”，依法有效调处劳动关系矛盾纠纷。

二要发挥三方机制和政府与工会联席会议制度作用。推动完善相关法律法规制度，加强劳动关系三方机制组织建设，健全劳动关系发展态势监测和分析研判制度，推动建立在线解决机制，及时发现和解决劳动关系矛盾的隐患和苗头问题。进一步完善政府与工会联席会议制度，聚焦研究解决涉及职工切身利益的重点难点问题，努力形成共同协商解决劳动关系问题的有效机制。

三要加强劳动关系矛盾化解处置工作。深入开展法治宣传和公益法律服务行动，引导职工依法理性有序表达诉求。加大劳动关系领域风险排查化解、应急处置工作力度，健全来信来访和信访处理工作制度，及时掌握职工群众思想动态，把握工作主动权。健全职工法律服务体系，完善职工法律援助制度，为职工提供及时有效的法律援助和服务。

（杜德军）

83. 如何实现依法建会、开门办会、从严治会、人才兴会？

实现依法建会、开门办会、从严治会、人才兴会，是夯实工会基层基础，保证基层事情基层办、基层权力给基层、基层事情有人办的重要举措。

依法建会是推进工会组建的基本原则。要严格按照《工会法》和《中国工会章程》的有关规定，依法建立工会组织，不断提高职工入会率和建会质量。要创新工会组建方式，加强“走出去”企业、“一带一路”建设中海外企业建会工作，健全小三级工会组织体系，加强县级和中心城市行业工会建设，推进新经济组织、新社会组织、开发区（工业园区）工会建设，加强工会女职工组织建设，切实维护职工群众的合法权益。要探索创新网上申请入会、企业外入会等职工入会形式，推动工会组织向新兴领域新兴群体延伸，推进基层工会组织和工会会员实名制管理，逐步实现工会组织覆盖和工作覆盖精准化。规范建会的程序步骤，健全工会组织机构，做好建会报批、工会法人资格证书办理、经费账户设立和管理等工作。规范集团公司工会组织领导关系和管理体制，坚决制止、纠正随意撤并工会组织和机构、弱化工会地位和作用的行为。

开门办会是工会工作和工会组织群众性的具体体现。工会工作要走出机关大院，融入职工群众，组织活动请职工群众一起设计、部署任务请职工群众一起参与、表彰先进请职工群众一起评议，并且引进第三方评价工作机制，着力解决职工群众最关心最直接最现实的问题，畅通工会联系服务职工群众的渠道。要加强基层工会规范化建设，推进在职工聚集的乡镇（街道）、开发区（工业园区）、村（社区）建设工会服务职工站点，为职工群众提供更便利的服务。要进一步推进会务公开，切实保障职工（会员）的知情权，使职工（会员）群众共同参与、共同协商、共同决策、共同管理工会事务。

从严治会是贯彻全面从严治党战略部署的必然要求。要把全面从严治党的政治要求贯彻到全面从严治会的具体行动中，推动工会系统全面从严治党向纵深发展。坚持“一岗双责”，敢抓敢管敢担当，带好班子、带好队伍、带好作风。规范工会系统党内政治生活，用好批评与自我批评的“利器”，严肃考核问责，强化跟踪问效。加强工会系统党风廉政建设和反腐败工作，进一步强化党性党风党纪教育和警示教育，严格落实中央八项规定及其实施细则，加强对党员干部的日常管理监督，加强对工会经费、工会资产等重点领域、关键环节的审查审计和监督管理，防止“四风”问题反弹，努力营造风清气正的政治生态。

人才兴会是工会不断增强生机和活力的重要保障。要坚持党管人才原则和好干部标准，完善工会干部培养、交流和使用制度，把职工群众中各方面优秀人才聚集到党的工运事业中来。要认真贯彻落实中共中央《关于进一步激励广大干部新时代新担当新作为的意见》，建立健全工会干部思想教育、激励保障和考核评价机制，激励广大干部在新时代担当新使命、展现新作为。以基层工会干部为重点，大规模开展学习培训，着力增强工会干部适应新时代发展要求的本领能力，努力建设高素质专业化工会干部队伍，不断推动新时代党的工运事业创新发展。

（杜德军）

84. 如何进一步做好对劳动关系领域社会组织的政治引领、示范带动和联系服务？

以社会团体、基金会和社会服务机构为主体组成的社会组织，是我国社会主义现代化建设的重要力量。劳动关系领域社会组织，是工作内容与职工的劳动就业、技能培训、收入分配、社会保障、安全卫生等权益相关的社会组织。习近平总书记在中央党的群团工作会议上提出，联系和引导相关社会组织，是群团组织发挥桥梁和纽带作用的一项重要任务。党的十九大报告强调，要发挥社会组织作用，实现政府治理和社会调节、居民自治良性互动。《中共中央关于加强和改进党的群团工作的意见》提出，各级党委和政府要支持群团组织在党组织领导下发挥作用，加强对有关社会组织的政治引领、示范带动、联系服务。工会十七大报告强调，加强对劳动关系领域社会组织的政治引领、示范带动和联系服务，通过项目合作、购买服务等社会化、市场化方式，引导社会组织为职工提供专业化服务。做好这项工作，既是党中央对工会组织的重要要求，也是工会适应形势发展、推进改革创新的重要举措。

根据中共中央《关于加强和改进党的群团工作的意见》及中共中央办公厅、国务院办公厅印发的《关于改革社会组织管理制度促进社会组织健康有序发展的意见》，全国总工会于2016年印发《关于推进工会联系引导劳动关系领域社会组织工作的意见》（以下简称《意见》），强调要坚持党的领导、把正方向，坚持法治思维、依法推进，坚持引导服务、惠及职工，坚持区别对待、分类施策，坚持结合实际、因地制宜，坚持改革创新、积极稳妥等原则，明确工作目标，即到2020年，全国工会联系引导劳动关系领域社会组织工作领导体制建立健全，政策指导有力，工作机制完善，工作手段丰富，工作成效明显，基本形成“党委高度重视、政府大力支持、工会联系引导、各方密切协作、社会组织精准服务、职工群众广泛参与”的工作格局。其工作重点包括：

一要加强引领带动。探索建立工会主导的区域性劳动关系领域社会组织联合会，聚拢吸纳一批社会组织，激发社会组织活力。配合有关部门加强对相关社会组织的服务监督，确保其在政策法规允许的范围内开展活动，实现自我约束和自我管理。

二要积极扶持发展。探索在基层培育孵化工会直接领导或指导的劳动关系领域社会组织，在人员、资金、活动场所等方面予以扶持，整合社会资源，拓展职工服务阵地，指导和支持志愿者为职工提供公益服务。

三要加强资源整合。探索与共青团、妇联等群团组织联合建立社会组织或社会组织服务平台，实现信息与资源共享，通过多元化协同、开放式服务、项目化运作等工作机制，有效引导社会力量参与社会治理。

四要提升服务质量。广泛收集、分类梳理职工需求，进一步规范购买服务工作，注重通过项目合作、购买服务等社会化、市场化方式，引导社会组织依法依规提供专业优质高效的服务。

五要扩大工作覆盖。结合工作实际，探索在劳动关系领域社会组织中组建工会、发展会员，扩大社会组织工会覆盖面，做好社会组织中职工群众维权服务工作，不断提升工会的吸引力凝聚力。

为加强工会联系引导劳动关系领域社会组织的组织领导工作，按照《意见》要求，要落实领导责任、健全工作体系，全面摸清底数、夯实工作基础，搞好试点示范、逐步有序推开，强化协调联动、形成工作合力，深化理论研究、提供智力支撑。

（杜德军）

85. 如何进一步健全工会服务职工体系？

构建服务职工体系是贯彻中央党的群团工作会议精神的重要措施，是全总改革试点方案的明确要求，也是广大职工群众的深切期盼。服务职工体系既以精准帮扶、精准脱困为重点，又涉及拓展帮扶（服务）中心功能，扩大服务范围和对象；既包含推动职工互助工作的健康发展，又要做实做细送温暖等品牌活动。

一要拓展困难职工帮扶中心功能，加强中心和站点枢纽型平台功能建设。要加强困难职工帮扶中心（职工服务中心）枢纽型社会组织平台功能建设，联合一批与职工需求贴近的服务职工类社会组织，引入外部资源和社会力量提供帮扶服务；要加强中心社会化功能建设，充分了解职工状况和需求，与政策帮扶、制度保障和社会资源服务相结合，提升功能，拓展品牌，为职工提供精细、个性和互动的生活保障服务。

二要整合资源，聚焦发力，做实各种维权帮扶、保障服务项目。要充分发挥工会作为社会协同重要力量的作用，主动对接政府部门、社会组织、基层企业和职工群众，积极整合党政、工会和社会的各种资源，推动资源统筹、政策帮扶、制度保障，主动服务、聚焦发力，做实各种维权帮扶、保障服务项目，推动改善职工群众特别是困难职工、农民工生活条件。

三要坚持需求导向，创新服务机制，拓展服务领域。瞄准职工群众最迫切的需求，推进“会、站、家”一体化建设，进一步做好工会户外劳动者服务站点建设工作，推行工会服务职工工作项目清单制度，充分发挥职工服务中心等平台载体作用，推进“互联网+”工会普惠性服务；构建以职工为主体的活动方式，探索建立工会服务职工满意度评价制度，适应职工的作息特点安排工作时间，努力实现服务职工全方位全天候。

四要深化财务改革，构建工会经费服务职工的保障机制。探索建立工会经费差异化管理投入保障机制，每年从工会经费中安排一定比例资金作为解困脱困工作专项资金；规范帮扶资金管理使用，逐步优化工会经费支出结构，提高资金效能；推进向社会组织购买与困难职工有关的服务项目，确保更多的工会经费向基层一线倾斜，用于服务职工群众、保障重点项目。

五要加强阵地建设，做优做强工会资产。进一步增强工会阵地的公益性、服务性，更好发挥工人疗休养院、工人文化宫、职工互助保障组织等服务职工的作用。要按照工会资产“回归公益、聚焦主业、自主经营、依法监管”的工作要求，着眼盘活现有工会资产，推进工会阵地建设和功能性修复工作，强化工会资产服务基层、服务职工功能。

（马惠珺）

86. 如何有力推进“互联网+”工会普惠性服务？

推进“互联网+”工会普惠性服务工作，是主动适应时代发展的必然选择，是推进工会改革创新的内在要求，是加强基层工会建设的重要举措。要充分认识我国网信事业发展给工会工作带来的新机遇新挑战，围绕实施《全国工会网上工作纲要（2017—2020年）》，高度重视、积极推进“互联网+”工会普惠性服务工作，顺应时代发展潮流，把准职工需求脉搏，成为职工群众的知心人、贴心人。

一要加强工会网络平台建设，建设会员实名制与普惠性服务综合管理系统。通过开发网站、微信公众号、手机App等服务平台，建立健全结构清晰、数据准确、动态管理的工会工作和会员信息基础数据库，以互联网推动联系网、工作网、服务网整体合一，工会工作网上网下互动融合、实体和虚拟两大空间共同开展工作。

二要健全工作载体，打造工会服务职工的新媒体矩阵。整合工会系统网站、微博、微信、App客户端等网络平台，结合“12351”职工服务热线，实现服务方式从工会“定菜单”向职工“点菜单”转变，服务手段从线下为主到线上线下互动融合转变，有效推进工会会员服务卡建设，打造方便快捷、务实高效的服务职工新通道。

三要拓展服务内容，着力扩大工作覆盖面和服务受众范围。通过互联网做深做细做实工会服务，以“一片心、一叠卡、一张网、一个家”为抓手，拓展工会组织服务职工的覆盖面，做到哪里有职工，哪里就有工会组织提供的热诚服务，真正实现工会服务职工从特惠到普惠的转变，实现服务对象全覆盖、服务时间全天候，有效吸引和凝聚职工。

四要整合资源手段，构建社会化、市场化、多元化、开放型的普惠性服务职工工作格局。整合工会系统信息资源，整合各类职工技能网上学习平台，推进困难职工帮扶系统、劳动关系监测系统、“互联网+”、信访网络平台建设，打造“工会e家”新品牌，推进上下级工会组织间互联互通。有效利用国家基础网络设施和信息资源，加强与专业服务机构联系，运用互联网打造工会工作升级版。

五要创新工作方式，形成服务促进入会、入会即享服务的良好局面。完善和发展网上申请入会方式，发挥互联网更直接更便捷地联系服务职工的优势，有效畅通职工特别是农民工入会渠道；探索开展“工惠驿家”“互联网+”职工大病医疗保险等“互联网+”工会普惠性服务，打造线上线下相互融合的服务职工体系和工会工作新格局。

（马惠珺）

87. 如何进一步拓宽工会服务职工领域?

党的十九大报告提出，我国社会主要矛盾已经转化为人民日益增长的美好生活需要和不平衡不充分的发展之间的矛盾。适应这一矛盾的转化，工会要着眼于更好地满足职工群众多层次、多样化的物质文化需求，从多个角度和层次入手，进一步拓宽工会服务职工领域，全面提升服务职工群众的能力水平。

一要鼓励支持向社会购买服务，确保规范操作、稳妥推进。购买社会组织服务作为一种新型的公共服务供给方式，在满足公共服务需求、提高公共服务质量等方面的成效日益显现。工会要发挥好协同作用，通过项目合作、购买服务等社会化、市场化方式，引导相关社会组织依法依规为职工提供专业优质高效的服务。按照公开、公平、公正原则，建立健全项目申报、预算编报、自治采购、项目监管、绩效评价的规范流程，健全工会购买服务机制。

二要推动完善职工福利制度，做好职工生活保障服务。在做大做强送温暖、困难帮扶、金秋助学、法律援助、医疗互助、女职工关爱行动等工作品牌的同时，积极向党政争取更多资源手段，帮助解决职工群众最关心、最直接、最现实的问题。推动完善职工福利制度，督促企业在生产发展基础上不断提高职工福利，做好职工生活保障服务。充分发挥企业工会应有作用，让工会在职工需要时能够看得见、找得到、信得过、靠得住，使工会组织都成为名副其实的“职工之家”，工会干部都成为职工群众信赖的“娘家人”、贴心人。

三要加强工会志愿者队伍建设，广泛开展职工志愿服务活动。截至2016年底，全国职工志愿服务人员注册人数超过280万人，职工志愿服务队伍注册达300支以上。要积极培育工会志愿者队伍，叫响职工志愿服务品牌，广泛开展学雷锋志愿服务活动，大力弘扬劳模精神、劳动精神、工匠精神，充分发挥劳模志愿队的作用，引导广大职工争做中华民族传统美德的传承者。

四要为职工提供更高水平的精神性、文化性、发展性服务。注重对职工的人文关怀和心理疏导，开展职工心理健康状况调查，深化“心理援助进企业”活动，维护职工的心理健康。组织开展职工喜闻乐见的群众性文体活动，在职工中进行爱岗敬业、甘于奉献的职业精神教育，引导和培育健康文明、昂扬向上的职工文化，在做好物质服务、生活服务的同时提供更高水平的精神和文化服务。

（马惠珺）

88. 如何进一步做好工会困难职工帮扶工作？

习近平总书记多次强调，群团组织要更多把注意力放在困难群众身上，多做雪中送炭的事情。工会困难职工帮扶工作是工会维护职工劳动经济权益、构建和发展和谐劳动关系的客观需要，是社会救助体系的重要组成部分，是实行国家帮扶制度的重要举措。

一要分类做好城市困难职工解困脱困工作。2016 年 5 月出台的《中华全国总工会关于进一步做好困难职工解困脱困工作的实施意见》提出了“五类人群”“四个一批”，明确了五类困难职工群体和脱困解困任务，指出要采取“四个一批”措施开展分类帮扶，即针对有劳动能力的困难职工，通过加强技能培训、提供创业援助等方式，以就业创业解困脱困一批；针对因企业欠缴社会保险费或没有落实相关社保待遇的困难职工，将其纳入国家社会保险制度覆盖一批；针对因病致困的职工，推动将其纳入大病保险和医疗互助保险保障一批；针对符合低保条件的困难职工，通过社会救助兜底一批。要全面了解困难职工真实状况，摸清困难职工底数，深入分析致贫原因，掌握职工想法意愿，了解帮扶需求，按照“四个一批”的部署，基于困难职工的群体结构和特征，有针对性地制定帮扶措施。比如，对下岗失业的困难职工，要通过多种方式帮助其解决就业问题；为患病的低收入家庭、无劳动能力困难职工家庭提供生活补贴；为患重特大疾病深度贫困职工家庭提供医疗救助。

二要建立常态化帮扶机制。继续做强做大、做实做优保障服务项目品牌，鼓励和发展职工互助保障项目。要对接困难职工需求，充分发挥帮扶中心在困难职工解困脱困工作中的作用，坚持把重点帮扶、集中时间帮扶与平时帮扶结合起来，建立以困难职工需求为导向，“线上”“线下”相统一、互为补充的服务职工工作体系，推动政策帮扶、制度保障，同时探索建立“互联网 +”服务职工平台，常态化、经常化、日常化地帮扶困难职工。

三要推进困难职工帮扶与政府救助、公益慈善力量有机结合。要积极推动各级党政将困难职工解困脱困工作纳入脱贫攻坚大局通盘考虑，充分运用已有的扶贫、社会保障、社会救助、就业扶持等各项政策，推动建立低保与扶贫有序衔接机制，推动符合政府救助条件的困难职工进入政策覆盖范围。建立各类社会资源和困难职工需求对接平台，实现困难职工的需求信息和政府相关部门的救助资源、社会组织的公益项目、社会各界的爱心捐赠和志愿服务精准对接，运用各方资源做好帮扶，推动困难职工同步迈入全面小康社会。

（马惠珺）

89. 如何充分发挥工会在脱贫攻坚中的重要作用？

党的十九大提出要坚决打好防范化解重大风险、精准脱贫、污染防治三大攻坚战。这是以习近平同志为核心的党中央作出的重要战略部署，是历史赋予我们的重要使命。工会是社会扶贫力量的重要组成部分。要以习近平总书记关于扶贫工作的重要论述为指引，贯彻落实党中央、国务院关于脱贫攻坚的决策部署，进一步把扶贫工作和脱贫攻坚摆到工会工作突出位置来谋划和推动，进一步提高政治站位，围绕总体目标，找准工作的切入点、着力点，坚持从严要求，主动作为、真抓实干，为打赢精准脱贫战作出新贡献。

一是着力在提升精准度上下功夫。按照同级党委和政府要求，深入扶贫点开展调查研究，明确工会脱贫攻坚工作重点和对象，把建档立卡贫困人口稳定脱贫作为工作重点，将帮扶资金和项目瞄准贫困村、贫困户，因地制宜、因人施策，务求定点帮扶、驻村帮扶和东西部扶贫协作、对口支援取得实效。要加强扶贫资金管理使用，严格监管帮扶项目的实际效果，确保扶贫资金真正用于建档立卡贫困人口。

二是着力在发挥工会组织优势上下功夫。引导贫困地区工会组织深入开展劳动和技能竞赛，服务贫困人口技能培训和素质提升，服务贫困地区的基础建设和经济社会发展。支持在有条件的贫困村、卫星工厂、扶贫车间、易地扶贫搬迁集中安置点组建工会，组织符合条件的贫困群众加入工会组织，通过帮扶救助和各类服务，帮助贫困人口稳定脱贫。

三是着力在完善相关制度上下功夫。要进一步加大对贫困地区特别是深度贫困地区工会的支持力度，赋予更多的资源和手段。探索承担脱贫攻坚任务的工会组织将工会经费在一定范围内用于农村的脱贫攻坚的可行性。研究制定对国家扶贫开发工作重点县，特别是“三区三州”深度贫困县工会经费上解部分的减免政策。在经费回拨及补助、分配帮扶资金时加大对贫困地区特别是深度贫困地区的倾斜力度。

四是着力在加强作风建设上下功夫。在工会系统深入开展扶贫领域作风问题专项治理，把党中央关于全面从严治党的一系列部署要求贯穿到工会脱贫攻坚工作全过程各环节，用作风建设的成果促进各项扶贫举措落地落实。要按照“尽锐出战”的要求，选派工作能力强、领导经验丰富的优秀干部到脱贫攻坚一线工作，集中力量攻克坚中之坚、难中之难，把脱贫攻坚工作作为检验工会干部能力素质的“试金石”，把脱贫攻坚工作实绩作为干部选拔任用的重要标准和依据，激励广大工会干部在脱贫攻坚一线建功立业。

（张　泽）

90. 如何深化工会改革创新?

改革创新是时代发展的最强音，也是工运事业和工会工作蓬勃发展的不竭动力和内在要求，事关工运事业长远发展和工会工作全局。立足新时代、适应新形势，各级工会要学习贯彻习近平总书记关于群团改革特别是工会改革的重要论述，落实党中央推动群团改革的决策部署，按照工会十七大对工会改革创新的部署，根据全总2017年10月10日印发的《关于贯彻落实习近平总书记“8·22”重要指示和群团改革工作座谈会精神 深化工会改革创新方案》和2018年9月25日印发的《深化工会改革创新实施方案》等文件精神，聚焦增强政治性、先进性、群众性，进一步优化工会的组织体制、运行机制、管理模式和工作方式，以更大力度、更实举措将工会改革进行到底。

要坚持深化工会改革创新的正确方向。用习近平新时代中国特色社会主义思想特别是习近平总书记关于工人阶级和工会工作的重要论述武装工会干部头脑、指导改革创新实践。习近平总书记强调，要保持和增强群团工作和群团组织的政治性、先进性、群众性，深刻回答了群团事业坚持什么原则、朝着什么目标努力等重大问题，这既是新时代工会工作的方向，也是工会改革的方向。要把保持和增强政治性放在第一位，把党的全面领导、党对职工群众的关心关怀、党中央对群团工作和群团改革的各项要求落到实处。要把保持和增强先进性作为重要着力点，组织动员职工为实现党和国家的目标任务建功立业。要立足群众性这一工会组织的根本特点，维护职工群众合法权益，竭诚服务职工群众。

全总2018年9月印发《深化工会改革创新实施方案》，从加强党的全面领导、深化领导机构改革、优化强化工会职能、健全服务职工工作体系、不断夯实工会基层基础、扎实推进网上工会建设、建设高素质专业化干部队伍等 7 个方面，提出了 30 条具体举措，对深化工会改革作出新的部署。

要坚持上下联动、整体推进工会改革，在建机制、强功能、增实效上下功夫。深化领导机构改革，搞好顶层设计，加强与中央和地方机构改革衔接协调，强化优化职能，聚焦主责主业，破解制约工会工作创新发展的制度性障碍，形成联系广泛、服务职工的工会工作体系。密切上下级工会关系，上级工会依法依章程加强对下级工会的领导。要推进扁平化管理，研究制定基层工会各项业务工作模块手册（指引、指南），加强工作规划管理，强化会议、发文计划约束刚性，统一归口统计报表报送，统筹安排调研活动，提高机关运行规范性。要探索创新产业工会工作，对接政府机构改革、国有企业改革，建立健全产业工会组织体系，理顺地方工会与全国产业工会、领导机关部门与产业工会、企业集团工会与地方工会及产业工会关系，支持产业工会结合产（行）业实际，积极主动发挥作用。要通过深化工会改革创新，进一步增强工会组织团结教育、维护权益、服务职工功能，把工会组织建设得更加充满活力、更加坚强有力，最大限度地把职工组织凝聚起来，坚定不移听党话、跟党走。

（张　泽）

91. 如何建设智慧工会？

智慧工会是中国工会为适应互联网时代特点，加快改革创新而提出的鲜明而具体的发展目标，是工会组织通过运用互联网、大数据、云计算、人工智能等先进信息技术构建的工会智能化服务职工体系，突出工会干部的主观能动性和工会工作的精神文化层面，为职工群众提供普惠性、便捷性、精准性、常态化服务，形成线上线下相互融合的工会工作新格局。

一是搞好顶层设计。智慧工会建设是一项统分结合的系统工程，要把握好全总、省市级工会和产业工会的主要职责，制定统一的规划、规范、接口、标识，协力建设网上工作公共基础设施和通用平台，提供职工普惠性网上服务项目，形成既有分工又有合力、既有线上又有线下、既能“通天”又能“接地”的工作格局，实现网上服务对象覆盖最广大的基层职工群众、工会网上工作覆盖最基层的工会组织。

二是加强网上工作平台建设。强化互联网思维，运用互联网、大数据、云计算、人工智能等手段推进工会工作，促进互联网和工会工作融合发展，打造工会工作升级版。推进实施《全国工会网上工作纲要（2017—2020 年）》，加强资源整合和流程再造，打通信息壁垒，建设实名动态、全面覆盖、安全共享的工会大数据库。加强互联网内容和舆论阵地建设，充分利用移动客户端、微博、微信，结合“12351”职工服务热线，建立健全工会新媒体矩阵。统筹“互联网＋”工会顶层设计，加强通用平台建设，推进上下级工会组织间互联互通，打造“工会 e 家”等新品牌，逐步形成全总主导、地方跟进、产业参与、协同互动、线上线下有机结合的工会网上工作体系。加强信息基础设施网络安全防护，加强网络安全信息统筹机制、手段、平台建设，做到防患于未然。

三是大力开展工会网上服务。要以职工为中心、以网络平台为基础、以会员服务卡为载体，推进职工个性化普惠性服务，实现由工会“定菜单”到职工“点菜单”的转变。创新工会组建形式和工作方法，通过发放会员服务卡、电子会员卡等方式，实现会员实名制管理。针对互联网新经济新业态，探索“网上申请、线下入会”等方式，把广大职工特别是分散的、流动性强的职工，如货车司机、快递员等职工组织到工会中来。把互联网当作提升职工技能、服务产业工人队伍建设改革的重要渠道，建设完善网上技能竞赛、劳模管理、职工技术创新、法律服务系统。建设困难职工和农民工帮扶服务系统，利用网络平台和大数据进行分析，有针对性地开展精准帮扶。

四是加强工会网络人才建设。要引入专业团队和社会人才充实网络工作人员，培养一批既精通工会工作又善于网络管理的复合型专业人才，为工会网上工作提供技术咨询、研发支持及运维保障。更新观念、创新机制，改进作风、讲究方法，提升工会干部学网懂网用网能力。

（张　泽）

92. 如何进一步加强基层工会建设？

加强基层工会建设，必须以职工为中心、让职工当主角，眼睛向下、面向基层，力量配备、服务资源向基层倾斜，着力扩大覆盖面、增强代表性，着力强化服务意识、提高维权能力，着力加强队伍建设、提升保障水平，切实增强工会组织的凝聚力。

一是进一步形成大抓基层的鲜明导向。要把基层工会建设作为工会改革的关键环节，摆在更加突出的位置加以推进，坚持落实到基层、落实靠基层理念，把工作力量、经费使用等进一步向基层倾斜，实现依法建会、开门办会、从严治会、人才兴会。健全完善组织领导体制，加大资源力量投入，坚持工会经费进一步向基层倾斜，积极推行“上代下”维权工作机制，为基层工会“强体”减负。

二是扩大基层工会有效覆盖。按照“抓重点、补短板、强弱项”的要求，聚焦货车司机等八大群体，以农民工相对集中的领域行业为重点，继续把推动农民工入会工作摆在重要位置，做到措施过硬、力度不减。强化乡镇（街道）、村（社区）和开发区（工业园区）工会组织建设，着力完善乡镇（街道）—村（社区）—企业小三级工会组织体系。突出入会重点，组织非公有制企业、社会组织、农民专业合作组织从业人员入会。创新入会方式，加强会员管理，大力推进会员实名制，逐步实现会员管理服务的信息化、精准化、规范化。

三是进一步增强基层工会活力。要打造好“职工之家”这一品牌，坚持以“双亮”为前提，以“六有”为基准，以“双争”为动力，以“评家”为手段，深入开展建设职工之家活动。对基层工会工作实施权责清单管理和绩效考核制度，实行开门办会，推进会务公开，深化会员评家工作，总结推广职工对工会工作定期开展满意度评价的经验做法，推动基层工会工作全面发展。

四是加强基层工会干部队伍建设。严格履行民主程序，选优配强基层工会主席。切实发挥兼职挂职干部作用，明确职责任务，建立津补贴制度。加强社会化工会工作者队伍建设，拓展上升通道，加大保障激励、培养评价和经费补助力度，使其成为基层工会开展工作的积极力量。加强工会专业知识培训，切实提升工会干部专业素质和业务能力，努力建设一支高素质专业化的基层工会干部队伍，为基层工会工作提供有力人才支撑。

（张　泽）

93. 如何进一步加强工会系统党的建设？

党的十九大对加强党的建设、推进全面从严治党作出战略部署，提出了新时代党的建设总要求，明确了新时代党的建设8个方面重点任务。工会十七大报告贯彻落实党中央部署要求，立足中国工会的性质和特点，把推进工会系统党的建设作为今后五年工会的重要任务，明确提出要认真贯彻新时代党的建设总要求，以党的政治建设为统领，带动工会自身建设全面推进。

一是突出党的政治建设。工会组织是群众组织，也是政治组织，必须把党的政治建设摆在首位。工会各级党组织和广大党员干部要旗帜鲜明讲政治，认真落实《中共中央政治局关于加强和维护党中央集中统一领导的若干规定》精神，增强“四个意识”，坚定“四个自信”，做到“四个服从”，坚决维护习近平总书记党中央的核心、全党的核心地位，坚决维护党中央权威和集中统一领导，在政治立场、政治方向、政治原则、政治道路上始终同以习近平同志为核心的党中央保持高度一致。要抓好党章的学习贯彻，结合推进“两学一做”学习教育常态化制度化，系统学习党章，全面掌握党章的基本内容，引导党员干部自觉尊崇党章，坚决贯彻党章，全面维护党章。要坚持政治高标准、党性严要求，严格落实党内政治生活若干准则、党内监督条例等党内政治生活制度，坚持民主集中制，坚持“三会一课”、民主生活会、组织生活会、主题党日等组织生活。把坚定理想信念作为党的思想建设的首要任务，教育引导党员干部用习近平新时代中国特色社会主义思想武装头脑。

二是着力夯实基层基础。树立党的一切工作到支部的鲜明导向，以提升组织力为重点，以突出政治功能为根本，把工会基层党组织建设成为宣传党的主张、贯彻党的决定、团结动员干部职工、推动事业创新发展的坚强战斗堡垒。加强党组织的自身建设，选好配强党组织领导班子，加强党组织书记队伍建设，优化党支部、党小组设置，拓宽党支部运行机制、活动载体、活动方式。要抓好党员干部队伍建设，严管与厚爱结合，激励和约束并重，突出政治标准，严把党员发展关，搞好党员干部经常性思想教育，把思想政治工作做到党员干部心坎上，加强对党员干部的严格管理和关怀帮扶，增强党组织的向心力凝聚力。要加强基层党组织制度建设，完善基层党组织理论学习、决策议事、激励考评、工作保障等制度机制，切实做到用制度管人管事、用制度规范和约束党员行为，进一步强化党组织的战斗堡垒作用和党员的先锋模范作用。

三是深入开展党风廉政建设和反腐败工作。认真履行“两个责任”，认真落实中央八项规定实施细则，巩固拓展落实中央八项规定精神成果，坚决防止“四风”反弹回潮，坚决纠正形式主义和官僚主义。要以强化政治纪律、组织纪律为重点，开展经常性的纪律教育，带动廉洁纪律、群众纪律、工作纪律、生活纪律真正严起来，使铁的纪律转化为党员干部的日常习惯和自觉遵循。

四是驰而不息抓好工会作风建设。认真贯彻习近平总书记关于大兴调查研究之风的重要指示精神，聚焦职工群众的切身利益问题，扑下身子、沉到一线，深入企业、走进职工，研究新情况，解决新问题，不断提高群众工作本领，做实“职工之家”，做好职工“娘家人”。进一步健全联系服务职工长效机制，推动完善基层联系点、接待职工来访、工会干部直接联系普通职工、职工需求调查和效果评价等制度，使联系职工、服务职工常态化制度化，面对面、心贴心、实打实做好职工群众工作。

五是努力建设高素质专业化工会干部队伍。贯彻落实《关于进一步激励广大干部新时代新担当新作为的意见》，深入研究新时代对工会干部专业化的新要求，突出政治标准，鲜明树立重实干重实绩的用人导向。注重在基层一线和职工群众中培养工会干部，加强工会积极分子队伍建设，扩大社会化工会工作者队伍，优化干部成长路径，打造专职为主、兼职挂职相结合的工会干部队伍。以基层工会干部为重点大规模开展学习培训，提高培训质量，强化实践锻炼，增强群众工作本领，努力实现工会干部教育培训全覆盖。坚持政治上激励、工作上支持、待遇上保障、心理上关怀，强化对基层工会干部的权益保护，在政策、待遇等方面给予倾斜，让基层工会干部安心、安身、安业，更好履职奉献、积极作为。

（伍德道）

94. 如何推进工会系统党风廉政建设和反腐败工作？

党的十九大提出了新时代党的建设总要求，对全面从严治党向纵深发展发出新的动员令。中国共产党第十九届中央纪委第二次全体会议对全面从严治党、党风廉政建设和反腐败斗争作出了重要部署，为工会系统推进党风廉政建设和反腐败工作指明了前进方向。工会十七大报告指出，要扎实推进工会系统党风廉政建设和反腐败工作。各级工会要从政治和大局出发，统一思想、提升站位，明确方向、强化担当，不断推进工会系统党风廉政建设和反腐败工作。

一是严格落实管党治党政治责任。落实党风廉政建设主体责任和监督责任是党章赋予各级党委和纪委的重要职责。各级工会党组织和纪检组织要深刻领会、坚决贯彻党中央关于党风廉政建设和反腐败工作的决策部署，牢牢抓住党委（党组）主体责任、党委（党组）书记第一责任人这个“牛鼻子”，严格落实党风廉政建设报告制度、约谈制度、述职述廉述党建制度等，加大监督检查力度，逐级压实责任。工会各级纪检组织作为党内监督专责机关，要坚守职责定位，提高纪律执行力，加大问责力度，以强有力的问责倒逼责任落实。

二是发挥巡视巡察利剑作用。各级工会党组织要认真落实党中央、中央纪委关于巡视工作的部署要求，严格执行国家监察法，研究工作具体方案，细化操作规程，加强对工会领导机关和直属单位巡视巡察全覆盖。深化政治巡视，重点围绕党的政治建设、思想建设、组织建设、作风建设、纪律建设和反腐败工作，着力对被巡视单位执行党章和其他党内法规、遵守党的纪律、落实全面从严治党“两个责任”等情况进行监督检查，着力对党的领导弱化、党的建设缺失、全面从严治党不力，党的观念淡漠、组织涣散、纪律松弛，管党治党宽松软等突出问题提出整改意见。各级工会纪检组织要严格依法依规行使职权，自觉接受监督，敢于担当，勇于履职，在实际工作中运用好监察法和党内法规。

三是全面加强工会系统党的纪律建设。各级工会要以强化政治纪律、组织纪律为重点，带动廉洁纪律、群众纪律、工作纪律、生活纪律真正严起来。持续加强纪律教育，紧盯重要节点做好廉政风险提醒，提高警示教育的政治性、有效性，使铁的纪律转化为党员、干部的日常习惯和自觉遵循。工会各级党组织、纪检组织要把维护党的政治纪律和政治规矩放在首位，强化日常监督管理，加强对重点岗位、重点领域、关键环节的监督检查，加强对拟提拔干部的廉洁审查，坚持“逢提必核”。加强对工会经费、工会资产审查审计监督，严格规范使用管理，堵住漏洞，严防黑洞。要严格规范评比表彰、工程建设项目，落实扶贫领域专项治理工作。充分发挥党内监督、审计监督、群众监督和舆论监督的作用，增强监督执纪问责的实效，提高监督执纪水平。

四是巩固拓展落实中央八项规定精神成果。坚守重要节点，重申纪律规定和要求，深入开展集中整治，坚决查处不收敛不收手的顶风违纪问题。坚决纠正形式主义、官僚主义，教育引导工会干部树立正确的权力观、地位观、政绩观，大兴调查研究之风，进一步密切与职工群众的血肉联系。加强执纪监督，着力构建作风建设长效机制。

五是加强纪检组织自身建设。各级工会纪检组织和纪检干部要加强自身锤炼，始终忠诚于党、忠诚于以习近平同志为核心的党中央，努力增强履职本领，锻造过硬作风，恪守清正廉洁，强化担当精神，坚决同违纪行为作斗争。严格纪检干部的教育管理，配齐配强纪检工作力量，充分调动纪检委员协助所在党组织负责人抓好党风廉政建设工作的积极性。举办工会系统专兼职纪检干部培训班，组织基层党组织纪检委员培训，全面提升纪检干部的综合素质。

（伍德道）

95. 如何进一步加强和改进产业工会工作？

产业工会是我国工会的重要组成部分。工会十七大报告强调，要发挥产业工会联系广泛、熟悉产业、直通基层的优势，积极推进各具特色的劳动和技能竞赛、维权服务等工作。产业工会要进一步增强政治责任感、历史使命感、工作紧迫感，以求实的精神、扎实的作风、务实的举措，推动新时代产业工会工作创新发展。

一是进一步健全组织体系。健全的组织体系是产业工会工作顺利开展的重要基础。要积极配合地方工会在产业集中度高的区域，创新产业工会组建方式，健全完善产业工会组织体系，确保工作上下贯通、沟通顺畅。逐步调整和理顺产业工会与地方工会，与中央企业、企业集团及所属企业工会关系，将产业工会的工作触角延伸到基层。在工会改革中，要本着有利于充分发挥作用原则，合理调整、科学设置产业工会，确保产业工会组织健全规范。

二是进一步完善体制机制。完善的体制机制是产业工会工作有序运行的重要保障。要建立健全产业工会组织运行机制，完善联合制、代表制等工作制度，调整改善产业工会全委会委员、常委会委员结构，特别是提高劳模和一线职工比例，增加新兴产业、有代表性的非公有制企业代表，设立兼职副主席，不断提高产业工会领导机构组成人员的广泛性和代表性。充分发挥各级产业工会委员会委员、常委的作用，建立信息反馈、调查研究、议事决策、征集议案等制度。

三是进一步创新方式方法。创新方式方法是做好产业工会各项工作的重要途径。要认真贯彻《中华全国总工会关于深入推进产业工会工作创新发展的意见》，准确把握新时代产业工会工作的发展规律，加强和改进调查研究，及时了解和掌握产业经济形势变化、产业结构调整、产业职工队伍建设等基本情况，不断提高产业工会工作科学化水平。尊重基层和产业职工的首创精神，总结产业工会在提升产业职工素质、维护产业职工权益、畅通产业职工成长通道、促进产业改革发展等方面创造的典型经验。加强网上产业工会工作，打造网上网下相互促进、有机融合的产业工会工作新格局。

四是进一步加强组织领导。强有力的组织领导是产业工会发挥作用的重要前提。各级工会要把产业工会工作摆上重要议事日程、纳入工会工作总体格局一起部署、一起推进。定期听取产业工会工作汇报，深入研究产业工会工作面临的重大问题，协调解决产业工会工作中遇到的困难。重视和加强产业工会干部的培养、锻炼、交流和使用。产业工会广大工会干部要增强主业意识和主动精神，强化实践历练，增强工作本领，破解工作难题，努力成为产业工会工作的行家里手。

（伍德道）

96. 如何依法管好用好工会经费和资产？

工会十七大报告强调，加大工会经费、资产监督管理力度，构建国家审计、工会经审、社会审计、职工会员监督相结合的经审监督体系；做优做强工会资产，进一步增强公益性、服务性，更好发挥工人疗休养院、工人文化宫、职工互助保障组织等服务职工的作用。各级工会组织要以更大力度、更实举措深化改革创新，不断提升工会经费和资产工作的质量和水平。

一是依法履行审查审计监督职责，全面提升工会经审工作规范化水平。要强化组织领导，把加强经审监督作为工会系统落实全面从严治党要求和加强党风廉政建设的重要内容，定期听取经审工作汇报，重大经济活动征求经审会意见，为经审工作创造良好环境。各级工会经审组织要加强经审工作改革创新，整合审计资源，构建国家审计、工会经审、社会审计、职工会员监督相结合的经审监督体系。要落实《关于加强工会财务管理、资产监督管理和经费审查审计监督的意见》，完善经审组织建设、审查审计等工作制度，逐步完善新时代工会经审工作制度体系。要依法推进经审组织建设，配齐配强经审干部，夯实经审专业力量，注重加强经审人才队伍建设，提高专业化水平。

二是坚持公益性服务性的正确方向，做优做强工会资产。要进一步增强工会资产的公益性、服务性，坚守服务职工的主责主业，聚焦发展直接服务职工的职工文化体育教育、职工疗休养、职工互助保障三大领域，坚持以职工群众为中心的工作导向，大力推进工人疗休养院改革发展，进一步规范管理职工互助保障工作，创建符合职工需求的运行模式。规范管理工会行政性资产，落实《党政机关办公用房管理办法》《工会行政事业性资产管理办法》等制度规定，对工会行政性资产的规划、权属、配置、使用、维修、处置进行严格的全面监督管理。进一步加强工会企事业资产管理，抓住《公共文化服务保障法》贯彻实施的有利契机，积极推动工人文化宫纳入地方公共文化服务体系。抓住工会改革契机，进一步落实工会资产监督管理的机构、职责、人员，加快构建上下对应、权责明确、全面覆盖、运转协调的资产监督管理工作体系。

（伍德道）

97. 如何进一步加强工会干部队伍建设?

工会干部队伍是党的干部队伍重要组成部分，是做好工会工作重要组织保证。工会十七大报告指出，要深化工会干部队伍建设，打造一支高素质专业化的工会干部队伍。各级工会要着力加强干部队伍的思想政治建设、制度建设、作风建设、能力建设，有力激发工会干部投身改革动力，有效提升履职能力。

一是加强工会干部队伍思想政治建设。要把学习贯彻习近平新时代中国特色社会主义思想和党的十九大精神作为首要政治任务，增强“四个意识”，坚定“四个自信”，做到“四个服从”，坚决维护习近平总书记党中央的核心、全党的核心地位，坚决维护党中央权威和集中统一领导。要把学习贯彻党的十九大精神与学习贯彻习近平总书记关于工人阶级和工会工作的重要论述结合起来，坚决贯彻执行党的理论路线方针政策，确保党中央决策部署在工会系统不折不扣贯彻落实。

二是加强工会干部队伍制度建设。贯彻落实《关于进一步激励广大干部新时代新担当新作为的意见》，完善工会干部培养、交流和使用制度，注重在基层一线和职工群众中培养工会干部，优化干部成长路径，建立健全工会干部思想教育、激励保障和考核评价机制，关心爱护基层工会干部，充分激发广大工会干部干事创业的积极性、主动性、创造性。加强工会积极分子队伍建设，扩大社会化工会工作者队伍，并推动其纳入国家社会工作专业人才队伍体系。

三是加强工会干部队伍作风建设。把群众路线作为工会工作的生命线和根本工作路线，深入细致开展调查研究，力戒“四风”。健全完善基层联系点、与职工结对子同劳动、代表联络、提案办理、工作评价评议等常态化联系职工群众制度，面对面、心贴心、实打实做好职工群众工作，使工会组织成为名副其实的“职工之家”，工会干部成为职工群众最可信赖的“娘家人”、贴心人。深入推进工会系统党风廉政建设，贯彻好中央八项规定及其实施细则精神，综合运用监督执纪“四种形态”，扎紧制度笼子，树立工会组织和工会干部的良好形象。

四是加强工会干部队伍能力建设。建立工会干部系统化培训机制，以基层工会干部为重点大规模开展学习培训，深化“送教到基层”活动，提高培训质量，强化实践锻炼，增强群众工作本领，打开眼界、打开思路、打开胸襟，注重运用移动互联网等新媒体，分类分级抓好基层工会干部培训，培养一大批劳动经济、劳动法律、劳动关系、信息技术等方面专门人才，不断增强工会组织的吸引力凝聚力战斗力。

（夏　邑）

98. 如何进一步加强工会调查研究工作？

调查研究是我们党的传家宝。当前，职工队伍不断发生深刻变化，呈现出许多新特点，各级工会干部要大兴调查研究之风，深入细致开展调查研究，扑下身子、沉到一线，深入企业、走进职工，察实情、出实招、办实事、求实效。

一是着力加强对习近平新时代中国特色社会主义思想特别是习近平总书记关于工人阶级和工会工作的重要论述的学习研究。把这一学习研究作为工会研究工作的重中之重，切实增强理论自觉，与解决新时代推进工会改革发展的实践相结合，不断推出具有重要理论影响和指导作用的研究成果。

二是着力围绕新时代职工队伍新情况新需求扎实调研。要深入了解我国社会主要矛盾变化背景下职工群众的新需求、新期待，不平衡不充分发展在职工队伍、劳动关系和工会工作中的特征表现，为做好新时代工会工作提供决策参考和依据。围绕如何更好贯彻落实全心全意依靠工人阶级方针，在决胜全面建成小康社会、全面建设社会主义现代化国家中更好发挥工人阶级主力军作用开展调研；围绕如何弘扬劳模精神、劳动精神、工匠精神，扎实推进产业工人队伍建设改革等开展调研；围绕如何做好帮扶解困工作、构建和谐劳动关系等问题开展调研。

三是着力聚焦工会改革创新深入调研。随着工会改革全面向基层推进，如何增强改革系统性、整体性、协同性，落实坚持和加强党的全面领导的要求，上下联动、整体推进工会改革，体现优化协同高效原则，是工会面临的重大课题。要围绕如何“抓重点、补短板、强弱项”，创新工会工作体制机制和方式方法，不断增强基层工会活力，破解制约工会工作创新发展的制度性障碍开展调研；围绕如何扩大工会组织覆盖面，推动非公有制经济组织和社会组织建会，深化农民工入会工作，推进“互联网+”工会建设，不断提高工会服务职工普惠化水平开展调研；围绕如何适应当前劳动关系领域新情况、新问题，加快制度创新，有效维护职工合法权益开展研究；围绕如何形成完整规范制度体系，及时总结推广改革成功经验，推动工会改革顶层设计和基层探索良性互动、有机结合等开展调研，为推动工会改革向纵深推进、向基层延伸提供理论支持。

（夏　邑）

99. 如何进一步做好工会港澳台工作?

工会十七大报告提出，要充分发挥工会群众性特点，深化同港澳台工会和职工的交流合作，促进港澳长期繁荣稳定和祖国和平统一。各级工会要鼓励港澳台同胞加快融入祖国发展进程，共同为实现中华民族伟大复兴的中国梦而奋斗。

一是始终坚持党的领导。要全面学习领会习近平新时代中国特色社会主义思想和党中央关于港澳台工作的决策精神，坚决按照中央部署开展工会港澳台工作，确保工会港澳台工作同中央精神保持高度一致。严格按照中央统战部、中央台办等部门要求制定工作计划，完成中央交付的各项任务。

二是坚决依法办事。严格遵守宪法和基本法相关规定，正确处理与港澳工会关系，坚决拥护体现一个中国原则的“九二共识”，坚决反对“台独”，团结广大港澳台工会干部职工共同反对危害国家统一、民族团结的图谋和行动，努力推动港澳台工运事业健康发展。

三是扩大爱国统一战线。在实现中华民族伟大复兴中国梦的新征程中，港澳台职工是一支不可或缺的重要力量。要大力弘扬中华优秀传统文化，加强爱国主义教育，增强民族责任感，引导港澳台广大职工群众树立正确的历史观、民族观、国家观、文化观。要通过形式多样的技能合作，提高产业工人队伍素质，弘扬劳模精神、劳动精神、工匠精神，充分调动港澳台广大职工的积极性和创造性，积极参与“一带一路”建设等国家战略。关心港澳台职工在大陆工作生活情况，依法维护其劳动权益，积极推动在大陆工作台湾同胞参评当地劳动模范、五一劳动奖章等荣誉称号，通过生动鲜活的事例，增进港澳台广大职工群众对祖国的情感和认同。

四是大兴调查研究之风。要坚持问题导向，精准掌握港澳台工运发展及职工队伍动态，针对工会港澳台工作的重点、热点进行深入调查研究。围绕如何发挥工会交流的独特优势、扩大爱国统一战线等问题开展调研，促进理论研究成果向实际工作的转化应用。

（夏　邑）

100. 如何进一步做好工会外事工作？

工会外事工作是工会工作的重要组成部分，在经济全球化深入发展和我国对外开放不断深化的新形势下，做好工会外事工作，对于中国工会更好地服务党和国家工作大局，丰富和拓展中国特色社会主义工会发展道路具有重要意义。工会十七大报告提出，要高举“和平、发展、合作、工人权益”的旗帜，围绕国家总体外交战略和“一带一路”建设，加强工会和职工对外交流交往，讲好中国故事、中国工人阶级故事、中国工会故事，巩固和扩大我国工会在国际工运领域的话语权、影响力，为推动构建人类命运共同体作贡献。

一是始终坚持正确政治方向。在长期的工会对外交往中，中国工会坚持以我为主，在国际工运事务中坚持独立自主开展活动，走出了一条具有中国特色的工会对外交往之路。中国工会这些年来的辉煌成绩，充分说明我们坚持的中国特色社会主义工会发展道路是完全正确的，必须始终坚持、毫不动摇。要充分认识中国特色社会主义工会发展道路的优势，把思想和行动统一到党中央对当前国际形势的分析判断上来，坚定“四个自信”，坚持从国情会情出发，始终保持自身特色，坚持学习不照搬、借鉴不接轨，坚定不移走中国特色社会主义工会发展道路。

二是积极配合国家主场外交。作为民间外交的重要方面，工会外事工作要在推动国家总体外交开拓发展、加强民间经济文化沟通交流、促进中国人民与世界人民团结合作等方面，积极发挥作用。要准确把握时代特征，科学分析形势变化，围绕如何应对经济全球化、国际劳工标准、企业社会责任标准以及维护中国国家利益和职工权益等方面，制定有效工作策略，在全局工作中谋划部署工会外事工作。要加强走出去企业、“一带一路”建设中海外企业工会工作，做到哪里有职工群众、哪里需要做工作，工会组织和工会工作就跟进到哪里，为服务全局工作和我国经济发展贡献积极力量。

三是不断扩大在国际工运领域话语权、影响力。要深入学习领会国家外事工作一系列方针政策，深入研究国际政治经济形势，认真分析国际工运中的关键矛盾，不断创新工会外事工作机制，拓展工作领域，积极宣传中国工会政策主张，牢牢把握工会外事工作主动权。要增强开放度与包容性，积极主动开展多边和双边交流，加强同世界各国工会、区域工会组织和各国际工会组织的联系交往，加深与发展中国家工会的友谊，增信释疑，广泛争取信任和支持，团结一切对我友好的工会组织和工会力量，拓展中国工会“朋友圈”。

（夏　邑）

编者后记

中国工会第十七次全国代表大会是深入贯彻落实党的十九大精神、推动新时代工会工作开创新局面的一次重要会议，是全国亿万职工群众和广大工会干部政治生活中的一件大事。工会十七大报告是大会重要文件之一。认真学习宣传贯彻工会十七大精神，全面准确领会工会十七大报告的精神实质，关系工会工作全局，关系工运事业长远发展。为此，我们组织编写了《中国工会十七大报告学习问答》一书，供各级工会组织、广大工会干部及关心工会工作的各界读者学习工会十七大报告时参考。

全国总工会对本书的编写高度重视。全国总工会党组书记、副主席、书记处第一书记、中国工会十七大文件起草组组长李玉赋担任本书主编。

参加本书编写的是参与中国工会十七大报告起草的成员，他们是（按姓氏笔画为序）：马惠珺、王娇萍、王博韬、吕国泉、阳万雄、李羿、李蕾、李跃平、李睿祎、伍德道、步志昊、杜德军、时银龙、吴斌、张广、张泽、张龙龙、张妍延、张倩颖、邹广子、郝帅、夏邑、徐世鼎、徐田成、逄国君、陶志勇、赖金金、廖枢权。全国总工会研究室主任吕国泉，中国工人出版社社长、党委书记王娇萍，全国总工会办公厅副主任张妍延，全国总工会研究室副主任陶志勇、张广负责组织协调等工作。

由于编写水平有限，时间仓促，书中难免有不妥之处，敬请广大读者批评指正。

2018 年 10 月

图书在版编目（CIP）数据

中国工会十七大报告学习问答 / 李玉赋主编. —北京：
中国工人出版社，2018.10
ISBN 978-7-5008-7074-6

Ⅰ.①中…　Ⅱ.①李…　Ⅲ.①中国工会代表大会—文件—学习参考资料　Ⅳ.①D412.3

中国版本图书馆CIP数据核字（2018）第237084号

中国工会十七大报告学习问答

出 版 人	王娇萍
责任编辑	赵晨羽
责任校对	孙迺伟
责任印制	栾征宇
出版发行	中国工人出版社
地　　址	北京市东城区鼓楼外大街45号　邮编：100120
网　　址	http://www.wp-china.com
电　　话	（010）62005043（总编室）　（010）62005039（出版物流部） （010）82075935（工会与劳动关系分社）
发行热线	（010）62004002　62033018　62046264　（010）82081553（传真）
经　　销	各地书店
印　　刷	北京美图印务有限公司
开　　本	660毫米×960毫米　1/16
印　　张	13.5
字　　数	160千字
版　　次	2018年11月第1版　2018年11月第1次印刷
定　　价	28.00元

本书如有破损、缺页、装订错误，请与本社出版物流部联系更换